다
시

태
어
나
도

다시 태어나도.

초판 1쇄 발행 | 2021년 2월 3일

발행인 | 손유섭

지은이 | 문혜영 심재영 강현주 박세진 강의인 권예성 주신조 박재진

책임 기획 | 손유섭 편집 | 박정주, 남대휘

디자인 | Go.D.Studio

출판사 | 자존 출판등록 | 2020년 6월 2일(제 000013호)

주소 | 부산시 부산진구 거제대로 26 홈페이지 | www.jajonbooks.com

이메일 | thsdbtjq96@naver.com

값 | 16,000원 ISBN | 979-11-970914-4-5

이 책의 표지글꼴(폰트)는 (사)세종대왕기념사업회에서 개발한 문화바탕체 입니다.

별이 되어 살아가는
이 세대들에게

다시 태어나도

문혜영
심재영
강현주
박세진
강의인
권예성
주신조
박재진

자존출판사

강현주

사랑찾기, 스물다섯 걸음을 걷다

박세진

1 AM

주신조

박재진

머리말

당신은 '별'이다.

광활한 우주에 단 하나 밖에 없는 별.

가장 밝게 빛나는 새벽별.

온 힘을 다해 당신의 빛을 내주기에

오늘도 이 우주는 빛날 수 있다.

당신은 당신이기에 가장 빛나는 별.

나는 나이기에 가장 빛나는 별.

다시 태어나도,

지금의 별로 태어나고 싶다.

그리고 당신과 가장 환한 빛을 세상에 비추고 싶다.

_ 8개의 별, 그들의 이야기 .

움직임

작가 / 문혜영

세상의 모든 '움직임'은 아름답다. 9개월 된 아기가 기어 다니는 모습,

씨앗이 힘차게 새싹을 틔우는 모습, 한 사람이 꿈을 향해 도전하는 모습들까지..

이 모든 것이 아름답다.

생각하기보다 부딪혀보고, 말하기보다 먼저 움직여보는 그런 삶.

때론 실수하고, 후회할 때도 있지만 이런 움직임들이 모여 '지금의 나'를 만들었다.

움직임

1

첫발을 내딛던 순간

"다시 하자."

"다시!"

"혜영이가 또 틀렸네. 처음부터 다 다시"

"아휴..."

아까부터 계속 똑같은 부분을 틀린다. 땀은 비 오듯이 흐르고, 머릿속은 점점 하얘진다. 다른 사람들에게 미안함이 더 커서인지, 이젠 힘든 것도 안 느껴진다. 결국 강사님은 내가 성공할 때까지 전체 연습을 다시 시키셨고, 간신히 성공하여 쉬는 시간을 얻어냈다. 그러나 안도하는 것도 잠시, 나는 다시는 걸리고 싶지 않아서 쉬는 시간에도 끊임없이 연습했다. "혜영아 조금 쉬면서 해." 같이 연습하는 언니들이 쉬라고 권했다. "네! 이것만 하고 쉴게요!" 하지만 이 대답과 달리 쉬는 시간 끝날 때까지 내 몸은 계속 움직였다. 다른 사람에게 또 피해를 줄까 봐. 그리고 이젠 정말 잘 해내고 싶은 마음 때문에 쉴 수가 없었다...

'무슨 글을 적을까?' 하면서 글을 적기 시작하니, 춤을 접하면서 있었던 지독한 노력에 대한 기억이 나의 의식 밑바닥에 자리 잡고 있다가 비집고 올라온다. '이것이 너의 첫 출발이야! 이게 너야!' 하면서 말이다.

사람은 누구나 첫발을 내딛던 때가 있다

그냥 춤이 좋아서 무작정 뛰어들었는데 그에 비해 실력은 없었다. 그런데 '나 하나' 틀려도 '전체 모두'가 다시 하는 방식이었기에, 더 끊임없이 연습했다. 남들보다 안무를 늦게 익혀 틈날 때마다 연습했다. 연습실에서 집까지 1시간 정도 걸리는 버스에선 머리로 계속 춤 동작을 되새기고 손가락을 움직이며 연습했다. 집, 학원, 학교 등 공간이 있는 곳에선 춤 동작을 크게 하면서 연습했다. 잊지 않으려고, 틀리지 않으려고... 그 결과, 13년이 지난 지금도 그 노래만 들으면 춤이 바로 나올 정도로 몸이 반응한다.

사람은 누구나 '첫발'을 내딛던 때가 있다. 아기가 아장아장 걸음마를 떼었을 때와 같이 내게는 춤의 '첫발'을 떼었을 때가 그 시절이었다. 처음은 서툴렀다. 나는 다른 사람보다 더 그랬다. 그래서 더 많이 혼났고, '그냥 나는 춤엔 재능이 없구나...' 하며 포기하고 싶었던 때도 있었다. 그런데 그때 혼나면서도 끝까지 연습해서 해냈기 때문에 오히려 춤을 좋아하게 된 계기가 되었다.

이때의 나의 어린 시절... 힘들었던 첫 기억... 하지만 그때, 그런 힘들었던 노력 속에서 피어난 예쁜 꽃을 나는 보았다. 눈물 속에 피는 꽃처럼 누구의 도움 없이 나 스스로 노력하여 키워낸 꽃, 그것은 겨우 10대에 접어든 아이가 인생이라는 것을 엿본 황홀함, 흥분, 달콤함 그 자체였다. 그것이 나의 '첫 기억'이다.

당신의 가장 최초의 기억은 언제인가요?

누구나 한 번쯤 생각을 할 텐데, '나의 최초의 기억은 언제일까?' 아장아장 걸음마를 뗐을 때? 처음으로 "엄마, 아빠" 말했을 때? 솔직히 그렇게 어린 시절을 모두 기억하는 사람은 없다. 일단 나는 유치원 때 친구들이랑 놀이터에서 놀았던 기억, 아파서 나만 소풍 못 가 울었던 기억. 드문드문 기억난다. 이런 조각난 무채색 기억의 파편들 속에 한 줄기 빛을 내며 자리 잡고 있는 기억이 있다.

고난 속에서도 빛이 나는 행복한 기억, "인생은 그런 거야."라고 나 자신에게 말할 수 있는 기억. 그러한 기억은 척추의 뼈대처럼 내 인생의 마디마디를 만들어나가고 있다. 춤의 시작은 그 마디의 가장 밑바닥 삶의 둥치를 만들었고, 그렇게 불붙은 열정과 노력은 나의 캐릭터가 되었고, 지금의 나의 삶의 핵심을 이루고 있다. 힘들었던 인생의 '첫발'이었지만 동작을 완성하여 멋진 춤을 추게 되었듯이 나는 즐겁게 흥이 넘치게 인생을 살아가고 있다.

나의 두 번째 발걸음

혹시 어디론가 자연스럽게 길을 가고 있는 자신을 발견해 본 적은 없는가? 생각도 안 했는데 움직이고 있는 내 모습을 말이다. 나의 '두 번째 발걸음'은 '첫 번째 발걸음'과 달리 〈나도 모르게〉 시작되었다. 어느 순간 그 발을 내디뎠고, 나의 '두 번째 발걸음'은 이미 시작이 되고 있었다.

그것은 바로 '미술'이었다. 엄마는 내가 어렸을 때 별로 울지도 않고 얌전한 편이었다고 하는데, 좀 허름하고 오래된 식당이나 카페 등을 가면 바로 울었다고 한다. 그런데 인테리어가 예쁜 카페나 좋은 장소에 가면 뭘 아는지 싱긋 웃고 있었다고 한다. 그리고 아빠는 나보고 어렸을 때부터 색종이 접기나 만들기를 잘했다고 한다.

알고 보면 내가 어떤 장소를 볼 줄 아는 '미적 감각'이나 색종이 접기 같은 '만들기 재능'이 있어서 미술을 시작하게 됐는지도 모른다. 다만, 내가 자연스레 '내 본능'이 그곳으로 향하고 있었다. 그렇게 나도 모르게 미술을 시작하였고, 그것은 본격적인 '나의 꿈'이자 '목표'가 되었다.

당신의 첫사랑, 첫발은 무엇인가요?

앞서 이야기는 처음 가장 열정적으로 임했던 나의 '첫걸음'을 얘기했다. 그리고 그것이 '기억의 첫발'이라고 정의를 내렸다. 기억력이 좋은 사람일수록 어렸을 때 일을 구체적으로 기억을 잘할 것이다. 그런데 나는 기억력이 그다지 좋은 사람은 아니다. 시험 보기 직전에 발휘하는 단기기억력은 좋지만, 다른 사람과의 구체적인 일을 기억하는 장기기억력은 별로이다. 그런데 지금은 단지 그런 기억력을 말하는 것이 아니다. 정말 순수하게 때로는 열정적으로 때로는 뭔가에 홀리듯 시작한 경험이 다 한 번쯤은 있었을 것이다.

그것이 꼭 어린 시절이 아니라 할지라도 말이다. 이런 경험들로 자신의 꿈 혹은 인생의 첫발, 의미 있는 기억의 첫발이 되었을 것이다. 또 다르게 말하자면 이것을 '첫사랑'이라고도 말하고 싶다. 사람들은 첫사랑을 추억하며 '그때 그 시절 내가 그 애를 좋아했었지….' 하곤 생각한다. 그런데 나는 첫사랑이 꼭 사람한테만 해당된다고 보지 않는다.

앞서 나온 대로 자신이 순수하게 혹은 열정적으로 때로는 뭔가에 홀린 듯이 시작한 일이 있을 것이다. 그것이 그 일의 첫사랑이라는 생각이 든다. 비록 그것이 꿈으로 이뤄지지 않고, 지금은 그것을 포기했을지라도, 때로는 그것이 아픈 기억이라고 할지라도, 그것을 통해 성장하고, 달라져 있는 자신의 모습을 볼 수 있을 것이다. 그 '첫사랑', '첫발'을 기억을 기억하며 내 인생의 첫 책의 첫 장을 넘겨본다. 당신의 첫사랑, 첫발은 무엇인가요?

2

열정적인 움직임

"학생 때가 좋을 때다.."

학생 시절 누구나 들었을 법한 '말', 하지만 그때는 듣기 싫기도 하고 이해 안 갔던 '말'이다. 나 역시 그 시절 이 말이 이해가 안 됐을뿐더러, 빨리 크고 싶었다. 얼굴이 너무 앳돼서 성숙해 보이고 싶었다. 어리니까 못 하는 게 많은 것 같아서 빨리 크고 싶었다. 그런데 지금 옛날을 돌이켜보니 '이 말'이 이제야 무슨 말인지 이해가 간다. 분명 10대 때는 생각보다 먼저 몸이 나갔는데, 지금은 '시간은 되나? 돈은 있나? 내가 할 수 있을까?' 등 먼저 생각이 앞선다. 차마 그때는 몰랐다. 여러 가지 복잡한 생각을 하지 않고 순수하고 열정적으로 끊임없는 도전을 할 수 있었던 시절의 소중함을... 그렇다. 학생 때만 할 수 있었던 그것들! 이제 나에게 있었던 그 이야기보따리를 하나씩 풀어나가려고 한다.

순수하고 열정 가득했던 시절

나에게 학생 시절은 그저 순수하고 열정 가득했던 시절이었다. 한번은 교회에 친구들을 데려간 적이 있다. 장의자에 두 줄 빽빽할 정도의 인원수(약12명)가 됐었다. 그 당시 친구들이 없는 편도 많았던 편도 아니었고, 무리에서 리더 역할도 아니었다. 하지만 내가 좋다고 재밌다고 생각한 곳에는 이렇게 친구들을 데려오기도 했다.

남포동 거리에서 또래 친구들과 플래시몹을 하기도 했다. 한 명이 춤을 시작으로 점점 모여들기로 했는데, 그 시작을 이끌어줄 한 명이 바로 '나'였다. 그 당일, 한 휴대폰 가게 스피커를 빌려 음악을 연결한 뒤 무대 준비를 마쳤다. 무대라곤 그냥 길 한복판이었지만 음악이 커서 사람들이 생각보다 꽤 몰렸다. 이때까지 더 큰 무대도 많이 서봤지만 그때의 떨림과 설렘은 잊을 수가 없다.

관객들은 이 상황이 뭔지 모르고, 그저 우리가 노래에 맞춰 춤을 추니 '무슨 공연이지? 행사가 있는 건가?' 하며 몰려들었다. 사람들의 의아함과 재미있는 것을 기대하는 시선 속에 부끄러움과 황당할 것을 무릅쓰고 춤을 끝내고 나니 제정신이 들었다. 끝이 나고 후다닥 사라지기 바빴지만, 그때는 그렇게 할 '용기'가 났다.

나의 10대는 '꿈을 향한 몸부림과 도전'이었다. 중학생까지는 미술을 계속해 오면서 화가, 패션 디자이너, 인테리어 디자이너, 큐레이터 등 미술분야 안에서 꿈이 바뀌곤 했다. 그런데 '몸에서 멀어지면, 마음에서 멀어진다.'라는 말처럼 고등학생이 되고, 미술 활동의 빈도수가 줄어들면서 다른 것이 들어오기 시작했다. 그것은 미술보다 오랫동안 취미로 해온 '춤'이었다.

늦은 시기였지만 고2 때 발레를 시작하였다. 춤을 오래 배워 와서 기본기는 있어도 발레는 처음이었다. 시간을 전적으로 투자하고 발레 용어나 기본 동작은 노트에 필기하면서 외웠다. 그런데 내가 유연한 편이고 근육도 있는 편이지만 발레를 할 몸은 아니었다. 이 때문에 주변에서 많이 말리기도 했다. 특히 발레는 보통 발끝으로 선다고 생각하는 '토슈즈'를 신어야 하는데, 이것이 문제였다. 내 발등 고(발등이 높게 올라와 있는 정도)가 잘 나 있지도 않아서 예쁜 선도 나오지 않았고 발이 매우 아팠다. 그래도 내가 좋아서 시작했기에 매일 끊임없는 연습과 스트레칭으로 몸을 풀어주면서 극복해나갔다.

뮤지컬 동호회에 들어가다

"손님 어디로 모실까요?"

"해운대로 가주세요."

"네!" 끼이이이이익----- 퍽--

"괜찮으세요? 손님?! 안 다치셨어요??? 지금 구급차 왔으니깐 일어나

셔야 해요!"

(씨익~) (결국 자리에서 일어섬)

위에 글을 보고 '교통사고 당한 건가?' '엄청 다친 거 아냐?' '근데 왜 다쳤는데 웃으면서 일어선 거지?' 혼란스러웠을 것 같다. 바로 이것은 나의 또 다른 꿈의 이야기다. 나는 텐션이 좋은 편인데 '이 정도로 텐션이 좋은 사람들을 만날 기회가 또 있을까?' 할 정도로 많은 사람을 만났던 적이 있었다. 바로 '뮤지컬 동호회'에서였다. 위에 이야기는 그곳에 했던 수업을 적은 것이다. '의자'에 한 사람이 앉아있고, 상황을 즉석에서 만들어서 그 사람을 일어나게 만들어야 했다. 처음에 청소부로 상황을 설정하고 일어나게 하려 했지만 일어나지 않아서 저런 아이디어를 생각해냈다. 이런 것들을 순간 생각해내는 것이 너무 재밌고 잘 맞았기도 했다. 그래서 이때는 또 다른 꿈, 뮤지컬 배우의 꿈을 꿔보기도 했었던 시절이었다.

'지금'은 후에 돌아오지 않는다

와.. 어떻게 보면 너무 소소한 내 이야기를 여기까지 읽어준 분들에게 고마울 따름이다. 결국 "학생 때가 좋을 때"라는 말을 하고 싶었다. 보통은 학생 때 뭣 모르고 공부만 하면 되니깐 좋다는 의미로 저런 말을 한다. 그러나 나는 10대 때, 10대 때만 할 수 있었던 일들을 했기 때문에 이런 말을 한 것이다.

이야기 처음에 교회에 친구들 데려가는 것, 남포동 한복판에서 플래시 몹 하는 것, 이 2가지는 너무 쉬운 것일 수도 있다. 하지만, 지금 하라고 하면 그렇게까지 못할 것 같다. 다른 반 친구들까지 끌어모으고, 안 간다는 친구도 밀어붙여서 데려가고. 또 더 큰 무대에서 공연했던 나에게도 플래시몹을 하라면, 선뜻 하겠다고 말을 못 할 것 같다. 10대라서 주변을 의식하기보다 일단 '하자'라고 생각이 들면 했고 부끄러움보다 '열정'이 앞섰다.

덧붙여 '늦은 시기에 발레와 뮤지컬을 배우고 시작했던 것'은 누군간 너무 철없고 무모했던 것이라고 말할지 모르겠다. 하지만 그때 꿈을 향한 도전과 열정은 '지금의 나'도 막을 수 없었다. 꿈을 향해 올곧고 심지 굳은 강한 마음. 정말 '그 10대 때'가 '학생 때'가 좋았다는 말이 지금은 이해가 된다. 그저 다른 것을 생각하지 않고, 꿈을 향한 '열정' 머리 굴리지 않고 뭐든 "네! 네!" 했던 '순수함'은 '지금의 나'도 할 수 없는 것이었다.

멘토의 가르침

어렸을 때부터 나의 좌우명으로 삼도록 많은 조언을 해주신 멘토가 계신다. 최근 나에게 해주신 말씀으로 이것을 더 확신할 수 있었다. 그 말씀은 "10대 때와 같이 밀어붙이면서 행했던 때는 다시 오지 않았다.

나는 지금 10대 때의 삶을 다시 살지 않는다는 것이다. 그와 같이 20대 때 하던 일도, 30대 때 하던 일도 지금 다시 하지 않았다는 것이다. 그때는 그때로 끝났다. 지난날의 삶은 끝나 버리는 것이다. 그 나이, 그 위치에서 그때 행하지 못하면 끝났다. 모든 기회도 '순간'이다."

'아!' 이 말을 들은 나는 정말 마음으로 울었다. 10대를 정말 밀어붙이면서 살아온 나에게, 또한 더 그렇게 하지 못했던 때를 생각하니 눈물이 났다. 열정 가득했던 도전이, 시간과 돈을 버린 무모한 도전은 아니었는지, 그런 후회를 하기도 했다. 하지만 이 조언으로 모든 마음을 접을 수 있게 되었다. 그렇기에 매 순간순간의 '기회'를 잡고 나는 오늘 다시 오지 않을 25세 내 인생의 '기회'도 밀어붙이려 한다.

예기치 못한 기회와 사고

'이런 기회가... 내 인생에 또 올 수 있을까?'

대학생 4학년이 되는 해, 나에게 말도 안 되는 기회가 찾아왔다. 5,000명 관중이 들어가는 서울 올림픽 경기장에서 댄스 공연을 설 수 있게 된 것이다. 혹시 실제 가수들의 콘서트에 가본 적이 있는가? TV로는 다 한 번쯤 본 적 있을 것이다. 그렇다. 이곳은 김하온, 우원재, 신승훈, 거미 등 많은 가수가 실제로 콘서트를 열었던 장소이다. 그런 어마어마한 무대에 설 수 있게 된 것이다!

내가 20대 초에 들어갔던 댄스팀이 있었다. 그 덕분에 학교를 다니면서도 전공과 상관없이, 취미로 춤을 계속할 수 있었다. 쇼케이스부터 버스킹 공연, 각각의 연령대를 대상으로 한 행사 등 크고 작은 무대에도 서게 되고, 전국적으로 퍼져있었던 우리 팀들과도 교류했다. 그러다 2019년 2월, 지휘자이자 작곡가이신 내 멘토를 통해, 그분의 콘서트에서 내가 속했던 댄스팀이 무대를 설 수 있게 되었다. 장소도 서울 올림픽 경기장인데! 게다가 오케스트라, 관악대, 모델, 합창단, 바톤팀, 뮤지컬팀, 댄스팀에서도 무용, 힙합, 치어, 탭댄스, 재즈 등의 몇천 명의 출연진이 나오는 어마어마한 콘서트였다. 절대 다시는 올 수 없는 기회라 생각하고 무조건 하고자 마음먹었다. 그러나 기회를 잡기 위해선 감당해야 할 부분들이 많았다.

연습 시간 확보 그리고 연습하기 위해 서울로 간다면 그에 받쳐주는 돈과 체력을 감당해야 했다. 하지만 이런 것은 당장 생각도 나지 않았다. 그만큼 '간절한 마음'과 '열정'으로 신청을 하고, 연습에 합류했다.

매주 400km 거리를 왕복할 수 있었던 이유

내가 서는 무대의 곡은 무려 7분이나 되는 명곡이었다. 이 곡에 함께할 사람들은 내가 속해있는 재즈 댄스팀, 뮤지컬팀, 탭댄스팀으로 구성되어 있었다. 정말 생각지도 못한 조합이어서 '될까?' 생각도 들었다. 하지만 예상과 다르게 너무 좋은 그림들이 나왔다. 그러나 역시 처음에 우려했던, 이것을 선택했기 때문에 따라오는 힘든 부분이 있었다. 대부분 사람이 수도권에 모여 있어서 연습은 일주일에 한 번 수도권에서 진행된 것이다. 부산에 살고 있던 나는 금요일 오후에 올라가서 일요일 밤에 내려오기를 반복했다. 그로 인해 일주일에 20만 원 정도는 기본으로 들어가고, 시간이 너무 많이 소요되었다.

공연이 가까워질수록 숙박하는 방법도 생각을 해봤지만, 평일에 아르바이트가 있어서 뺄 수가 없었다. 다른 사람들도 일하다 오고, 학교 갔다 오는 등 낮에는 각자 생활을 하고 오는 상황이었다. 그래서 저녁에 모여 밤새 연습하고 새벽에 헤어지기 일쑤였다. 그러다 보니 밤낮 리듬도 흐트러지고 입안에 혓바늘을 달고 살았다. 하지만 처음 하는 탭댄스, 연기적인 요소가 들어간 퍼포먼스, 이런 새로운 '배움들'과 새로운 사람과의 '만남'에 너무 설레고 좋았다. 그래서 고돼도 이겨 낼 수 있었다. 무엇보다 그냥 무대에 설 실력만 늘리는 것이 아닌, '프로 정신'을 배울 수 있어서 좋았다.

무대를 많이 서본 사람들은 알 것이다. '몇 날 며칠' 죽어라 연습하고, '단 몇 분'밖에 안 되는 무대를 하고 내려온 순간의 '허무함'을. 만약 나도 그저 그날 무대만을 위해 연습했다면, 무대 후뿐 아니라 준비하면서도 힘들었을 것이다. 그러나 연습하는 과정도 내가 정말 즐기면서 할 수 있도록 만들어줬고, 이처럼 생활 속에서도 즐기면서 하는 지혜를 하나씩 배웠다. 그러니 몸은 고돼도, 재밌게 잘 준비해 나갈 수 있었다.

최고의 노력 끝에 찾아온 최악의 사태

공연 일주일을 앞두고 큰 사건이 일어났다. 여느 때와 같이 탭댄스를 하는데, 발을 짚는 순간 '뚝!' 하는 소리가 났다. 그리고 도저히 서 있기조차 힘들어 탭슈즈를 벗고 바로 발 상태를 확인했다. 일단 외관상으로는 문제가 없어 보였다. 다시 일어나 걸어보고, 연습해보려고 했지만 욱신거려서 할 수가 없었다. 사람들이 몰려와 상태를 살펴봐 줬고 아마 인대가 늘어났을 것 같으니까 잠깐 쉬고 있자고 했다.

이날은 토요일 밤이라 병원이 연 곳이 없기에 가까운 약국에 가서 임시방편으로 파스를 붙였다. 걸으면 걸을수록 너무 아프고 불편해서 제발 골절만은 아니길 바랐다. 그 뒤로 발이 붓기 시작하고 통증은 계속돼서 일요일 연습은 그냥 자리에 서 있거나 앉아서 팔 동작 연습만 하는 게 다였다. 그리고 내 빈자리를 두고 연습하는 것을 볼 때마다 '혹여나 심각한 상황이어도 무대는 꼭 서고 아파야지.' 하는 마음을 계속 되새기며 정신을 강하게 먹었다. 마치 '강수진 발레리나'가 그랬던 것처럼 말이다.

고통스러웠던 주말을 보내고, 부산에 내려와 정형외과를 방문했다. 아... 역시나 최악의 상황... '제5중족골 골절'이라고 판명받았다. 즉, 새끼발가락 위쪽 뼈가 부러졌다고 한다. 의사 선생님께 1주일 뒤 중요한 공연이 있어서 꼭 서야 한다고 말했다. 그러나 역시 의사 선생님은 절대 안 된다고 걷는 것도 안 되는데 춤은 절대 출 수 없다고 못을 박으셨다. 정말... 그 충격에 머리를 얻어맞은 것 같았다. 물론 무대를 준비하면서 배운 것이 너무 많지만, '일주일 남기고 무대를 못 선다니...' 너무 충격적이었다. 게다가 일주일밖에 없는데 내 자리를 메꿔야 하는 팀원들에게도 너무 미안했다. 미안함과 충격을 가지고 일단 깁스를 한 채 집에 갔다. 집에 도착하니 할머니는 속상한 마음에 한마디를 더 하셨다. "그럴 거면 서울 가서 연습하며 왜 그리 고생했냐..." 물론 할머니도 안타깝고 속상한 마음에 하셨다는 것은 알지만, 그동안 연습을 위해 투자했던 시간과 돈 그리고 나의 노력이 '와장창' 내려앉는 것 같았다.

그 뒤로 펑펑 울었다. 울고 나니 좀 진정이 돼서 댄스팀 언니에게 이 사실을 알렸다. 사실 이 얘기를 카톡방에 올리고 팀원 모두가 더 걱정해주고 신경 써줘서 마음이 조금 괜찮아지는 것 같았다. 사실 괜찮지 않았지만 더 걱정 끼치기 싫어서 내 마음을 속였던 것 같다.

생각지 못한 사고가 찾아와도 이젠, 괜찮다

몇 달간 준비했던 무대를 목발을 짚은 채로 공연 참관 관객으로 가게 되었다. 너무 처음부터 끝까지 멋있고 훌륭한 공연들이 있었다. 역시 내가 서려고 했던 공연 때는 눈물이 나왔다. 다들 고생하며 정말 열심히 연습한 것도 너무 잘 알아서 그렇게 나온 결과를 보니 뭉클한 감동과 또 저기에 설 수 없게 된 서러움, '왜 나는 더 조심해서 잘하지 못했을까?' 하는 자책감에 울었던 것 같다. 그 공연 이후 나는 수술을 받았고 잘 회복하였다.

하지만 수술 후 발은 회복되어 갔지만 마음은 100% 회복되지 않았다. 내가 뭔가 잘못한 것이 있어서 이렇게 됐다는 생각에서 헤어 나올 수가 없었다. 단순하게 '내가 발을 잘못 짚었으니 그렇게 되었지'라고 인정이 안 되었다. 내 복잡한 머릿속이 비워지지 않았다. '내가 무대를 설 자격이 모자란 건가? 그래서 이런 사고가 일어난 걸까? 열심히 노력하여 다들 무대에서 공연하는데 왜 나에게... 나만 왜?' 그런 생각의 수렁에 빠졌었다.

그런데 그때 꼬꾸라진 내 마음에 빛이 비쳤다. 멘토분의 전화가 왔고 나는 수렁에서 빠져나왔다. 감사하고 고마웠다. 그냥 내 얘기를 들어주고, "그래"라는 한마디로 모든 것이 풀렸다. 생각보다 간단했다. 앞이 캄캄해서 절대 보이지 않았던 깊은 수렁에서 빠져나오는 일은 그저 '생각의 전환'이 필요한 것이었다.

그런데 도저히 혼자서는 생각을 전환할 힘이 없었다. 방법도 몰랐고 전환은 순간이고 찰나였다. 우주 반대편에서 시작된 두 줄기의 빛이 우주 공간에서 만나는 것을 본 순간, 희열을 느낀 것처럼 '이렇게 마음이 환하게 되살아날 줄이야!' 새로운 인생의 막을 시작하는 것처럼 나는 또 깨달음을 얻은 도인처럼 강한 힘이 생겼다. "꽃길만 걷자"라는 말은 얼마나 모순적인지. 나는 실망과 절망 속에 꽃을 피워낸 자신감을 얻었다. 이러한 행복한 마음을 빠르게 찾게 해 준, 가장 극적인 그 순간에 전화를 준 멘토분께 감사를 드린다.

사고(accident)는 언제 어디서든지 날 수 있다. 그런 일은 우리도 모르게 찾아올 수가 있다. 그리고 사고 때문에 그동안 쌓아왔던 것을 잃을 수

도 있다. 하지만, 그것보다 더 무서운 것은 사고(thinking)가 잘못된 것
이라는 것을 말하고 싶다. 누구에게나 힘든 일, 힘든 시절이 올 수 있다.
하지만 '어떤 정신', '어떤 사고'를 가지고 극복하고자 인생을 살아가는
모습에 따라 우리의 앞날은 달라질 것이다. 예기치 못한 사고(accident)
로 나는 더 단단한 사고(thinking)를 갖추게 되었고, 건강한 발과 정신
으로 연말에 또 다른 공연의 기회가 왔고 나는 무대에 설 수 있게 되었
다.

_4_

항상 완벽한 시작은 없었다

21살부터 지금까지 거의 5년째 나는 중고등학생들 관리하는 일을 하고 있다. 이것의 발단은 꿈이었다. 여기서 꿈은, 이 꿈(want to be)이 아니라 이 꿈(at night)을 말한다. 꿈에서 그 당시 학생을 가르치고 있는 아는 분한테 전화가 걸려왔다. "신입 교사 모임에 안 오세요?" 그때 꿈에서 나는 학생들을 가르치는 일을 시작한 지 얼마 안 된 교사였다. 그래서 알겠다고 하고 전화를 끊었다. 그렇게 꿈에서 깼다.

'처음에는 이게 뭐지?' 했는데 그러고 며칠 뒤 교회에서 이 꿈처럼 중고등부 교사를 맡게 되었다. 이때를 시작으로 나의 20대 삶은 180도 바뀌게 되었다.

스스로가 부족하다는 것을 깨닫다

처음에 모든 게 낯설고 어색한 게 사실이었다. 아이들을 좋아하지만, 나는 뭔가를 가르쳐주거나 이끌어줄 만한 재목은 아니었다. 한번은 '중고등학생 대상으로 캠프'를 한 적이 있었다. 그 캠프에서는 내가 기존에 알던 중고등학생이 아닌 처음 보는 아이들을 만나게 되었고, 그 아이들을 이끌어주는 캡틴 역할을 하게 되었다.

그때의 나는 새롭게 만나는 아이들에게도 잘해줄 수 있을 것 같았다. 그런데 생각과는 달랐다. 그저 그때그때 프로그램 전달에 급급했고, 그 안에서 아이들이 보여주는 모습을 깊이 살피지 못했다. 그리고 더 다가오려는 아이들이 있었으나 내가 여유가 없었다. 모든 행사가 끝나고 다른 조의 캡틴들은 자신의 조 아이들이 어떠했는지, 어떻게 대해줬는지 말을 하기 시작했다. 그들은 아이들을 주도면밀하게 살피며 뭔가 다 꿰뚫어 보고 능숙하게 행동하는 느낌이 들었다.

반면 나는 그렇게 하지 못했다. 2박 3일의 시간 동안 어떤 상황을 캐치해내서 아이들을 파악하거나 그것에 맞게 대처하지 못했다. 그때 한번 현타가 왔다. 뭔가 잘하고 있다고 생각했던 나에게 사람을 보는 눈도 부족하고, 그것에 맞게 아이들을 대해줄 능력이 부족하다는 생각이 들었다. 아주 중요한 핵을 놓쳤던 것 같다.

아이들을 만나는 일을 시작하다

아이들을 만나다 보니 더욱 교육과 관련된 일을 배울 수 있게 되었다. 일단 시작은 중고등학교에 '진로 수업 보조강사'였다. 주 강사님의 보조로 준비물을 나눠주고 사진을 찍거나 아이들의 행동을 보고 보고서를 적는 일이었다. 그래도 언젠가 주 강사로 수업할 것을 대비하여 홀랜드 6가지 유형인 RIASEC을 배우고 공부하게 되었다. 그리고 이어서 진로 designer 수업을 듣게 되었고, 자격증까지 따게 되었다.

실제로 학생들도 많이 만나다 보니 노련함이 생기기 시작했고 이젠 혼자서도 수업을 잘 진행할 수 있게 되었다. 처음 수업을 시작할 때는 분명 많이 준비하고 갔다고 생각했는데 앞에 서니 긴장되고 떨리는 건 어쩔 수 없었다. 준비를 많이 했는데도 실전에서 말하는 것은 정말 천지 차이였다. 학생들의 반응이 시큰둥하기도 했고 예상 못 한 질문이 들어오기도 했다. 내가 무슨 말을 하고 있는지도 모르게 머릿속이 하얘졌다. 그래서 나의 첫 수업은 당혹함 속에 아쉬움을 많이 남겼다.

누구나 완벽한 시작은 없다

잘하려고 했지만 오히려 일을 그르쳤던 적이 많았다. 목마른 사람에게 물을 주다가 물을 쏟아 버린다든지, 급한 마음에 뛰어가다가 스웨터 올이 문고리에 걸린다든지… 이러한 사소한 일이 일상이었던 나는 항상 마음만 앞서갔다. 정말 중요한 것을 잊은 채... 그렇게 고민에 빠져있을 때, 멘토께서 한 마디를 해주셨다. "요즘 애들은 이끌어줄 자가 아닌 친구 같은 사람을 좋아하고 따른다. 친구같이 부담 없이 편하게 대해주는 것이다."

바로 내가 '이것'을 간과하고 있었다. 생각해보면 나도 도와주고 함께 해줄 사람이 필요한 적이 많았다. 마찬가지로 요즘 애들은 특히 자기 생각이 확고하고 분명한데, 이런 특성을 무시하고 앞에서 이끌어주는 사람이 되어야 한다고만 생각했다. 물론 학생들을 이끌어주는 것도 맞다. 하지만 그 방향을 제시해줄 뿐, 스스로 할 수 있도록 만들어 주는 것이다. 그런데 나는 이끌어주는 사람으로서 잘해야 한다는 부담감 때문에 '보여주기식'으로 나를 치장했다. 정말 '나의 있는 그대로 모습'이나 '고쳐서 발전된 모습'이 아닌 나를 그저 외관상 좋게만 했던 것이다.

이제 이런 나의 문제점을 알고서 하나씩 고쳐가고 있다. 물론 이 외에도 고치고 더 만들어야 할 것이 많다. 하지만 그런 부족한 점들을 다 고치고 교사로서 완벽함을 갖춘 채 시작하려 했다면 지금쯤 시도도 못 하고 다른 일을 하고 있지 않을까 싶다. 항상 완벽하게 시작하려고 하면 앞으로 나아갈 수가 없다. 앞으로 나는 살아온 날보다 살아갈 날이 많기에 분명 많은 인생의 기회들이 올 것이다.

그것은 내가 원할 때 혹은 준비하고 있을 때 오지 않고 갑작스레 올지도 모른다. '기회는 준비된 자에게 온다.'라는 말이 있다. 그래서 인생을 준비하고 실력을 갖추라고 말을 하고 있다. 하지만 나는 준비되지 않은 채로 오는 기회도 그냥 흘려보내지 않을 것이다. 내가 감당할만하니 나에게 그런 기회가 왔다고 생각하고 도전해보려 한다.

가장 '나'다운 움직임

내 25년 인생을 이렇게 글로 남겨보면서 내 삶을 되돌아보게 되었다. 후회되는 일, 잘한 일 등 여러 가지 생각이 많이 들었다. 어찌 됐건 이 모든 것이 내 인생이고 나의 모습이라는 것은 변치 않는다. 마치 하나하나의 동작들이 모여서 춤의 한 작품이 되듯이 나의 하나하나의 '움직임', '행함'이 모여 지금의 '내 인생'이 되었다. 춤도 더 깔끔하게 더 잘 추기 위해선 내 잘못된 버릇을 알고 고치는 것이 중요하다.

나는 너무 힘을 주고 추는 편인데, 춤출 때마다 이것을 생각하고 힘 빼고 추도록 노력한다. 이렇게 내 인생에서도 지난 것은 어쩔 수 없지만 앞으로 어떻게 생각하고 움직이는가에 따라서 앞으로 남은 인생이 달라지리라 생각한다.

내가 원하는 대로 움직일 수 있다는 것은 최고의 경지

최근 한국 여성 유닛 댄스팀인 '올레디'가 나오는 한 TV 프로그램을 보게 되었다. 이들은 미국에서 진행하는 월드 오브 댄스로부터 연락받고 참여하게 될 정도의 실력자이다. 이들이 추는 춤은 라틴과 스트리트 댄스 퓨전으로 정말 독특해서 나도 완전히 넋 놓고 보게 되었다. 그런데 그 춤보다 더 기억에 남았던 한마디가 있었다. 바로 "내 몸을 내가 원하는 대로 움직일 수 있다는 것은 최고의 경지이다."였다.

나도 춤을 추는 사람으로서 내가 원하고 생각하는 대로 몸이 움직여준다는 것은 정말 중요한 일이었다. '물론 사람은 모든 관절과 마디마디를 움직일 수 있도록 만들어졌지만, 과연 그 모든 것을 쓰고 있는 사람은 얼마나 될까?' 나이가 들수록 몸이 굳고, 또한 요즘은 어릴지라도 바닥에 손이 닿는 것조차 힘든 사람들이 많다. 필요 없는 근육이라 안 쓰는 것들도 있지만 정작 필요할 때 움직이지 못한다면 무슨 소용이 있는가? 하물며 몸을 쓰는 것조차 이러한데, '내 생각대로 내 삶을 살아가지 못한다면?' 삶에서 이것은 매우 중요하다는 생각이 든다.

'내 생각대로 인생을 살아갈 수 있다는 것' 요즘은 개인의 개성을 중요시하여 자기 방식대로, 자기 생각대로 살아가는 것을 지향하는 사회적인 분위기가 있다. 하지만 "오늘부터 다이어트 해야지!" 하면서 내가 좋아하는 단 음식들을 포기하고 식단과 운동을 규칙적으로 바꾸는 거라든지, "오늘부터 2시간 일찍 일어나야지!" 하면서 아침잠을 포기하며 일찍 일어나는, 바로 실행에 옮기는 사람은 얼마나 있을까? 생각하는 대로 자기 몸을 움직일 수 있다는 것은 정말 말 그대로 '신의 경지'인 것이다. 작은 것이라도 매일 실천하는 자가 신인 것이다.

살아있는 모든 것이 예술이다

춤으로 예술 무대에 서면서 멘토로부터 춤추는 사람의 마인드, 정신을 코치 받고 개발할 수 있었던 것은 나에게 행운이었다. 그중 인생의 신조가 된 가르침은 "살아있는 모든 것이 예술이다."였다. 이 말로 지금까지 봐왔던 생각의 시야가 확 트이기 시작했다.

나는 그냥 작게 생각하고 작게 움직이는 사람이었고, 춤이나 미술, 음악 이런 것만 예술이라고 한정 지어 생각했다. 어릴 때부터 예술을 해오면서 이 분야를 확실한 나의 진로로 선택하지 못한 것을 후회할 때도 있었다. 그런데 멘토의 가르침으로 움직이는 모든 것, 살아있는 모든 것을 예술로 보게 되면서, 내가 굳이 춤을 추지 않아도 그림을 그리지 않아도 내가 뭘 하든 그 모든 것이 예술이 될 수 있다는 큰 생각을 가지게 되었다.

이것은 나의 삶의 바탕이 되어, '내 삶이라는 무대'에 매일 예술로 설수 있다는 생각은, 나를 너무 흥분시켰다. 매일 설레고 정말 나를 멋지게 만들고 싶은 생각이 든다.

인생의 무대에서 춤을 추다

이제 내 이야기를 진짜 마무리하려 한다. 앞의 5가지의 소제목으로 내 이야기를 하였다. 표현도 부족하고 짧은 글로서 내 인생을 다 말할 수는 없지만, 내 인생은 꿈을 향한 도전과 노력, 실패를 통한 깨달음 그리고 성장이었다. 이런 과정 중에 기쁜 일, 슬픈 일, 힘든 일이 다 있었다. 그것을 이기게 해 준 원동력이 있다. 그것은 '열정'이다.

여기서 내 입으로 말하기 조금 그렇지만 사람들은 나를 '인싸'라고 한다. 그런데 나는 내가 인싸라는 이유를 모르겠다. 단지 나대는 걸 좋아해서? 친화력이 좋아서? 그것도 맞을 수 있지만, 근본으로 들어가서 생각해보면 그 속에 '열정'이 있었다. 이 열정은 나를 두려움, 부끄러움, 부족함도 이기게 했다. 이 열정은 나를 노력하는 사람으로 만들었다. 열정으로 안무 습득이 늦은 춤도 극복했고, 학생들을 가르치는 일도 잘하게 되었고, 지금의 나를 만들었다.

아직은 미완성인 나의 삶 속에 절대 빼놓을 수 없는 춤. 춤에 열정을 바쳤고 춤을 출 때는 예술에 대한 긍정적 에너지, 열정을 마구 발산했다. 이 열정 때문에 내가 굳이 안 가도 될 길을 가서 고생한다고 말하는 사람들이 있을지도 모른다. 하지만 인생은 편하고 좋은 길만이 있는 것이 아니다. 나는 그렇게 생각한다.

"살아있는 모든 것이 예술이다." 즉, 살아 움직이는 내 인생이 예술이다. 춤만 예술로 생각했던 사고에서 벗어나 인생을 춤추듯 예술의 삶을 살아가는 것이다. 나라는 인생의 무대를 매일 만들어나가는 것, 그것이 내 삶이다. 아무리 내가 춤을 잘 춘다고 하더라도 무대를 많이 서는 것은 한계가 있다. 예술 무대는 제한적이지만 나의 삶의 무대는 24시간이다. 오늘도 나는 그런 인생이라는 무대에서, 서툴지만 노력하고 시도하고 때로는 진짜 춤을 추면서 예술의 삶을 만들어가고 있다. 그 속에서는 내가 주인공이다.

몸부림의 걸작

문혜영

모든 것을 바꾼다

첫 걸음이

작가 / 심재영

전 세계 인구 약 77억 명. 그 많은 사람 중 '나'라는 존재는 이 세상에 오로지 한 사람뿐이다. 지구 세상에 살아가고 있는 모든 사람은 절대 그 누구도 똑같을 수 없다. 외모, 성격, 생각, 살아온 환경... 각양각색이다. 이 세상에 틀린 건 없다. 그저 다를 뿐!

이 땅에선 각기 다른 개성을 가진 77억 명의 사람들이 자기만의 신념과 가치관을 가지고 각자의 방식대로 인생을 살아가고 있다. 나는 생각한다. 이 세상에 오직 나만이 할 수 있는 것이 있다고. 내가 아니라면 이루어질 수 없는 꿈을 향해 나는 '첫걸음'을 떼었다.

첫 걸음이 모든 것을 바꾼다

1

‘미쳐야 미친다.’

“각자 자신의 꿈, 취미, 특기를 자유롭게 적어보세요.” 중학교 1학년 생활기록부를 적는 시간이었다. ‘음…. 꿈이라…’ 그날따라 선생님 말씀 중 하나의 단어가 나를 자극했다. 바로 ‘꿈’. 그전까지는 꿈에 대해 깊이 생각해보지 않았다. 어릴 땐 단순히 ‘축구를 좋아하니 축구선수가 돼야지! 아니 대통령도 멋있으니깐 대통령이 돼볼까?’ 하루아침에 꿈이 바뀌곤 했었다.

그날은 뭔가 달랐다. 생활기록부의 꿈을 적는 칸에 아무거나 쉽게 적을 수가 없었다. 한참을 고민하다가 결국 나는 생활기록부 ‘꿈’란을 빈칸으로 제출했다. 그때부터 나는 꿈에 대해 진지하게 생각해보게 되었다.

학교를 마치고 집에 돌아와서도 온통 꿈에 대한 생각뿐이었다. 그렇게 생각에 잠겨있는데 엄마가 내게 와 말을 거셨다. “잘 다녀왔어? 학교에

선 별일 없었고?" 나는 오늘 있었던 일과 함께 꿈에 대한 고민을 얘기했다. 내 이야기를 듣고 엄마는 잠시 생각하시더니 위인전기를 읽어보면 어떻겠냐고 권유하셨다. 위인전기에 나오는 다양한 위인들의 삶을 보면 나의 고민에 많은 도움이 될 거라고 얘기하셨다. 그 당시, 책 읽는 걸 좋아하지 않았던 나는 알겠다고만 답하고 행동으로 옮기진 않았다.

"미쳤냐?"라는 말을 들어봤는가

'꿈'에 대한 고민이 잊혀 갈 때쯤, 또다시 그 고민을 상기시켜준 일이 일어났다. 일요일에 예배를 드리러 교회에 간 날이었다. 그날은 내가 좋아하던 목사님이 설교를 해주시는 날이었다. 그래서 그런지 평상시보다 집중이 잘 됐다. 열심히 설교 말씀을 듣던 와중에 나의 뇌를 울리는듯한 한마디가 내 귓속으로 들려왔다.

'미쳐야 미친다.'

최고의 수준에 도달하기 위해서는 어떤 분야에 대해 미친 듯이 파고들고 노력해야 한다는 말이다. 어떤 분야에서든 정말 실력 있고 뛰어난 사람을 본 경험이 있을 것이다. 예를 들어 운동선수들이 경기장에서 보고도 믿기 어려운 플레이를 펼쳤을 때, 가수가 소름 돋는 목소리와 가창력으로 환상적인 퍼포먼스를 뽐냈을 때, 여행을 가서 잊을 수 없는 뷰를 보거나 엄청 맛있는 음식을 먹었을 때 우리는 "와~미쳤다."라는 표현을 쓴다. 이때 '미쳤다'라는 표현은 부정적인 의미보다는 긍정적인 의미에 가깝다. 타인에게 "미쳤다"라는 말을 듣는 것은 절대 이상한 것이 아니다. 오히려 그 말을 듣지 못하고 있다면, 들을 수 있도록 더 노력해야 할 것이다.

미쳐야 미친다. 이 한마디는 나에게 신선한 충격을 주었다. 나도 모르게 "정말 미치고 싶다."라는 말이 입에서 '툭'하고 튀어나왔다. 가슴이 뛰기 시작했다. 그저 평범하게 살기보다는 남들과 다르게, 내가 하는 것들에 있어 최고의 수준에 도달하고 싶었다.

▷ 정주영 회장을 만나다

잠시 잊고 있었던 '꿈'에 대해 다시 생각하게 되었다.

'내가 앞으로 정말 미쳐서 하고 싶은 건 뭘까?'

그 순간 엄마의 얘기가 떠올랐다. '위인전기를 한 번 읽어볼까?' 반신반의하는 마음으로 위인전기를 읽어보기로 했다. 집에 있는 위인전기를 찾아보니 무려 80권이었다. "와... 진짜 많다." 겁이 났지만, 차근차근 읽어보기로 했다.

아인슈타인, 나폴레옹, 피카소, 이순신, 유관순, 퀴리 부인... 마치 세계여행을 하는 것만 같았다. '앉아서 하는 여행은 독서다'라는 말을 몸소 느끼게 되었다. 책을 한 권씩 읽으면서 많은 위인을 만났다. 그 많은 위인 중 특히 끌렸던 한 사람이 있었다. 바로 한국의 대표적인 기업가 현대그룹을 창업한 정주영 회장이다.

정주영 회장은 가난한 농부의 아들로 태어났다. 어릴 때부터 절대 가난만은 물려받지 않을 거라는 단호한 결심을 했다. 집에서 가출해서라도 서울로 올라가 돈을 벌 수 있는 일이라면 뭐든 가리지 않고 열심히 했다. 그러던 중 "내 인생을 걸만한 사업은 과연 무엇일까?"라는 생각을 하게 되었고, 자동차 수리공장을 시작으로 건설, 조선소.. 등등 여러 사업을 성공시킨 대표 기업가가 되었다.

주변에서 많은 사람이 정주영 회장을 반대했었다. 시작부터 순조롭지 않았다. 고향을 떠나 돈을 벌기 위해 서울로 올라가는 것부터 부모님은 완강히 반대하셨다. 또 사업을 시작하면서 어떤 것을 계획하고 진행할 때마다 그렇게 하면 망할 거라며 사람들은 반대했다. 운도 따라주지 않았다. 사업이 번창하고 있을 때 공장에 불이 나거나 6.25 전쟁으로 인해 어쩔 수 없이 사업을 그만두게 되기도 했다. 그래도 정주영 회장은 끄떡없었다.

자신의 철학을 가지고 자기가 하고자 하는 것을 끝까지 밀어붙였다. 실패하더라도 오히려 더 강인해졌다. 마치 '실패는 성공의 어머니'라는 말이 무엇인지 보여주는 사람 같았다. 정주영 회장의 위인전기를 읽다 보니, '미쳐야 미친다.'라는 말이 다시금 내 머릿속을 스쳐 지나갔다. 어떤 환경에서도 자기가 확신을 가진 부분에서 무너지지 않고 끝까지 하려는 그 모습, 과연 그 모습이야말로 내가 바라는 삶의 모습이었다.

그날 이후로 나도 '내 인생을 걸만한 사업'을 하겠다고 다짐했다. 세계적인 기업을 창업하는 정주영 회장 같은 기업가가 되고 싶었다. 그리고 또 하나! 나도 나의 인생을 통해 남들에게 영향력을 발휘할 수 있는 위인전기에 나올만한 사람이 되겠다고 다짐했다.

〉 내 꿈은 C.E.O!

드디어 나에게도 꿈이 생겼다. 이젠, 자기소개서나 신상명세서에 자신 있게 꿈을 적는다. 누군가 꿈이 뭐냐고 물어볼 때도 자신 있게 답한다. C.E.O(Chief Executive Officer). CEO는 기업의 총체적인 경영을 책임지는, 가장 높은 위치에 있는 경영자를 말한다. 한국에서는 기업의 소유주가 CEO를 겸하는 경우가 많아 사람들이 회장이나 사장과 비슷하게 생각하지만, 사실 엄연히 다르다. 처음에는 저 단어가 무엇의 약자인지, 뭘 뜻하는지도 정확하게 몰랐다. 그저 회장, 사장과 비슷한 말이라고만 알고 단지 영어 자체가 멋있어서 썼다.

'어떤 기업을 만들어야겠다.', '어떤 분야로 성공을 이루어야겠다.' 하는 구체적인 생각은 아직 없다. 하지만 나는 세계적인 기업가가 되어 전 세계에 영향력 있는 사람이 될 것이라는 믿음과 확신이 있다. 그랬기 때문에 나는 자신 있게 꿈에 대해 말할 수 있었다. 지금도 그 꿈은 변함없다.

전 세계 인구 약 77억 명, 그 많은 사람 중 '나'라는 존재는 이 세상에 오로지 한 사람뿐이다. 나는 지구 세상에 살아가고 있는 모든 사람이 절대 똑같을 수 없다고 생각한다. 외모, 성격, 생각, 살아온 환경... 각양각색이다. 사람마다 각자의 개성이 있다.

그 개성은 생각보다 뚜렷하지만, 그것을 구체화해서 말해보라고 하면 생각보다 어려울 것이다. 왜냐면 그것은 본인 그 자체의 '고유함'이기 때문이다. 자기의 인생을 한 단어로 표현할 수 있는가? 아마 불가능할 것이다. 개성을 가진 77억 명의 사람들이 자기만의 신념과 가치관을 가지고 각자의 방식대로 인생을 살아가고 있다. 이 세상에 틀린 건 없다. 틀린 게 아니라 '다른 것'이다. 각기 다른 인생을 사는 모든 사람에게 특히 이 글을 읽고 있는 당신에게 이 말을 전해주고 싶다.

"미치자! 미친놈이 되자! 사람들이 미쳤다고 안 된다고 하는 말에 두려워하지 말자." 남들이 어떻게 생각하고 뭐라 말하든 상관하지 마라. 자기가 확신이 있다면 그걸로 충분하다. 그 생각이 미친 거 같아도 밀어붙여라. 오히려 미치는 것을 즐기자!

나는 생각한다. 이 세상에 오직 나만이 할 수 있는 것이 있다고. 이제 나는 내가 아니면 안 되는 꿈을 향한 길을 가려고 한다. 꿈의 여정의 '첫걸음'을 떼었다. 그런 나에게 오늘도 나는 질문을 던진다.

"나는 미친놈일까?"

2

Stay hungry, Stay foolish

"너 어느 대학교 갈 거야?" 고2 겨울방학이 시작되기 전, 친한 친구가 내게 물어봤다. 고등학생이라면 귀에 딱지가 앉을 정도로 들어봤을 질문이다. 익숙한 질문인데도 불구하고 질문에 답하려니 막막했다. 예전에는 "최소 서울로 가야지~" 하며 장난스럽게 대답했지만, 수능이 1년 정도 남은 이 시기에 현실적으로 대학진학과 진로를 놓고 고민하게 되었다. CEO라는 꿈은 있었지만, 구체적인 계획이 없었다. 지금 당장 무엇을 해야 할지도 막연했다. 내가 이렇게 살다간 꿈은 이룰 수 있을지 의구심이 들기도 했다.

계속 고민하다 보니 오히려 머리가 복잡했다. 그냥 복잡한 생각들 다 집어치우고 현재 내가 할 수 있는 것부터 집중하기로 했다. 내가 지금 학생의 신분으로써 할 수 있는 것이 뭘지 곰곰이 생각해보았다. 그것은 바로 '공부'였다. 지금까지 공부를 안 해온 것은 아니었다. 하지만 정말 열심히 해봤냐고 물어본다면 스스로 자신 있게 답할 수 없었다. 남은 1년만이라도 내 열정을 미친 듯이 공부에 쏟아보고 싶었다. 그렇게 살았을 때 나의 꿈에 한 걸음 더 가까워질 수 있을 거 같았다. 10대의 마지막 순간을 후회 없이, 미련 없이 장식하며 마무리하고 싶었다.

⟩ 하루 14시간 공부를 하라고?!

공부를 잘하는 친구한테 조언을 구할 겸 전화를 했다. 공부를 제대로 시작하려 한다고 얘기했다. 이런저런 얘기를 하다가 친구는 본인이 듣고 있던 인터넷 강의를 추천해줬다. 그때까지 돈을 내고 인터넷 강의를 들어 본 적은 없었지만, 그 친구를 믿고 한번 들어보기로 했다.

그렇게 고2 겨울방학이 시작되었다. 공부를 향한 나의 의지만큼은 하늘을 찔렀다. 어느 날 인터넷 강의 수업을 듣는 중에 선생님은 수업하다 말고 공부하는 팁을 알려주겠다고 했다. 그 팁은 스톱워치로 하루 공부 시간을 재는 것이었다. 그러면서 말도 안 되는 얘기를 이어서 했다.

스톱워치로 하루 공부 시간, '14시간'을 채우라는 것이었다. "미친 거 아냐?" 두 귀를 의심했다. 그런데 다시 한번 생각해보니 하루에 자는 시간 6시간, 삼시 세끼 먹는 시간 한 시간씩 총 3시간, 씻고 이동하는 시간 1시간 정도를 빼고 나면 14시간 정도가 나왔다. 진짜 밥만 먹고 공부만 하면 불가능하진 않겠다는 생각이 들었다. 그때만 해도 공부를 하고자 하는 마음이 불타오르던 시기였기에, 한번 도전해보자는 생각이 들었다. 그날 바로 스톱워치를 구매했다. 스톱워치에 내가 공부한 시간, '14시간'이 찍힐 상상을 하니 설레었다. 그리고 다음 날, 나는 바로 실행에 옮겼다. 스톱워치에 찍혀있는 시간은 6시간... 목표한 시간의 반도 못했다. 어이가 없었다. 그래도 첫날이니깐 내일은 더 열심히 하겠다는 다짐을 하며 다음날 또 도전했다.

결과는 8시간 40분. 반을 겨우 넘겼다. 14시간까지는 아직 갈 길이 한참 남아 있었다. 그래도 포기할 수 없었다. 다양한 방법을 시도했다. 의자에 나를 묶기도 하고, 밖으로 나올 수 없도록 베란다 같은 곳에 문을 잠그고 나를 가두기도 했다. 밥 먹으면서 공부하고, 버스를 타고 다니면서도 단어를 외웠다. '14시간'이라는 숫자만 바라보며 노력했다. 그렇게 보름이 지났을 때쯤 드디어 나는 처음으로 스톱워치에 '14'라는 숫자를 볼 수 있었다. 정말 감격스러웠다. 그날의 성취감은 말로 표현할 수 없다.

중요한 건 생각보다 시간 대비 집중도가 높지 못했다. 효율이 떨어졌다. 그래서 내가 책상에 앉아있는 시간만큼은 최대한 집중하는 훈련을 했다. 그렇게 겨울방학 내내 밀도 있는 14시간을 목표로 공부했다. 힘들 때도 많았다. 워낙 활동적인 성향이라 오래 앉아서 뭘 해본 경험이 거의 없었다. 나에게는 하루에 반이 넘는 시간 동안 의자에 엉덩이 붙이고 앉아있는 것은 정말이지 고문이었다. 그것도 매일매일... 악착같이 했다. 그렇게 고2 겨울방학은 지나갔다.

누군가가 나에게 해준 한마디를 가지고 바로 실천했고 안 되더라도 끝까지 했다. 어느덧 공부 습관이 잡혔고 의자에 오래 앉아서 집중하는 힘이 생겼다. 겨울방학 전과 후를 비교했을 때 나의 모습은 180도 달라져 있었다.

'인간은 선천적으로는 거의 비슷하나 후천적으로 큰 차이가 나게 된다.'

공자의 명언이다. 이 말에 공감이 되었다. 목표하는 바를 가지고 끈질기게 매일매일 살아가다 보니 '나'라는 사람이 바뀌어 있었다. 사람의 능력은 무궁무진하다. 겨울방학의 기간이 내게 준 것은 단순히 공부 습관, 집중력만이 아니었다. 내 인생에서 뭔가를 미친 듯이 노력하면 해낼 수 있다는 '자신감'을 주었다. 앞으로 인생을 살아가는 원동력이자 그 이상의 것을 깨닫게 해준 값진 경험이었다.

〉 간절하게, 우직하게

나는 고3! 대학수학능력시험, 바로 수능을 준비하는 수험생이 되었다. 대한민국 고3이었다면 누구나 공감할 것이다. 3월 개학을 하고 약 한, 두 달 정도는 공부를 잘하고 못하고를 떠나서 다들 정말 열심히 공부한다. 그 기간에는 교실 분위기 자체가 다르다. 겨울방학 내내 공부를 쭉 해오던 나 또한 그 분위기에 힘입어 의지가 활활 타올라 더 열심히 했다.

방학과는 달리 학교에 가다 보니 하루에 스스로 공부하는 시간은 현저

하게 줄었다. 14시간을 목표로 공부하긴 힘들었다. 그래서 나는 6시간을 목표로 잡고 짬시간까지 활용하여 공부하는 시간을 만들어냈다. 시간을 쪼개서 공부하기는 쉽지 않았다. 쉬는 시간에 책상을 돌려 공부하기도 하고 내가 가장 좋아하는 체육 시간마저 운동을 하지 않고 공부하기도 했다. 친구들이 왜 미쳐서 하던 축구를 안 하냐면서 나보고 잘못 먹은 거 아니냐고 했을 정도였다. 학교를 마치고 독서실을 가서도 무조건 독서실 마감 시간을 꼭 채우고 나왔다. 독서실 알바형이 사람들 다 가고 나서 청소를 다 하고도 나 때문에 집에 못 가곤 했었다.

두 달 정도가 지나면 교실에 점점 낙오자가 생기기 시작한다. 집중 모드에 들어갔던 교실 분위기도 점점 흐려진다. 나도 그랬다. 매일 반복된 삶을 살다 보니 지쳤다. 내가 공부한 만큼 성적이 안 나오면 정말 하기 싫고 슬럼프가 오기도 했다. 그럴 때마다 나의 멘탈을 붙잡아준 한 마디 말이 있었다.

'Stay hungry, Stay foolish'

간절하게, 우직하게. 전 세계 사람들을 애플 감성에 푹 빠지게 만든 장본인 바로 잡스 형님께서 스탠퍼드 대학 연설 때 했던 말이다. 나는 이 말을 인터넷 강의 선생님을 통해 들었다. 수험생이 가져야 할 마인드라며 수업 시간마다 귀가 닳도록 얘기했다. 하도 들어서 그런지 거의 뇌리에 박혔다.

"Stay hungry"란 말은 자기가 했던 것들에 스스로 만족하지 않고 계속 새로운 목표를 향해 나아가라는 것이다. "Stay foolish"는 스스로를 낮추어 자기가 모자라다고 생각하고 항상 배우는 자세로 초심을 잊지 않고 끝까지 꾸준하게 하라는 말이다. 이 말은 내가 진짜 힘들 때마다 힘이 돼 주었고 다시금 정신 차리고 목표를 향해 나아가도록 해주었다. 지금도 저 말을 내 삶의 모토(motto)로 삼고 살아간다. 어떤 일이든지 안주하지 않고 간절하게 목표를 향해 나아가며, 누구에게나 배우는 자세로 꾸준하게 인생을 살고자 한다.

고2 겨울방학부터 수능 전날까지 1년 가까이 되는 기간 동안 공부를 해보면서 크게 얻은 한 가지가 있다. 성적? 아니다. 물론 성적도 중요하다. 하지만 성적보다 내가 더 크게 얻은 것은 바로 '자신감'이다. 물론 시험은 운이 작용할 때가 있지만 공부는 거짓말을 하지 않았다. 노력은 절대 나를 배신하지 않았다. '하면 된다.'라는 것을 깨달았고 앞으로 어떤 일이 내 앞에 닥쳐도 헤쳐나갈 수 있는 자신감과 힘이 생겼다.

공부는 나에게 어떻게 인생을 살아야 할지에 대해 가르쳐 주었다. 처음 나에게 조언을 해주며 인터넷 강의 선생님을 추천해준 내 친구, 내가 공부에 맛을 느끼게끔 동기부여 시켜준 인터넷 강의 선생님, 멘탈이 흔들릴 때마다 정신을 차리게 해준 잡스형님의 한마디... 모든 순간순간을 잊을 수 없다. 나에게 앞으로 펼쳐질 일들이 너무나도 기대가 되었다. 어떤 것이든지 맞닥뜨릴 준비가 되어있었다. 고3의 추억은 나의 가장 소중한 경험이자 내 인생 첫 번째 터닝 포인트이다.

3

내 삶의 주체는 바로 '나'

많은 사람의 버킷리스트에 빠지지 않고 들어가는 항목이 있다. 바로 '여행'이다. 그만큼 여행을 좋아하는 사람은 많다. 나도 여행을 좋아한다. 미국, 일본, 중국, 대만, 몽골 등 여러 나라로 해외여행을 가보았다. 국내여행을 가는 것도 좋아해서, 전국 팔도 가리지 않고 여행을 다녔다.

〉 시력이 가장 좋은 나라에서 시야를 넓히다

대학교 1학년 첫 방학을 앞둔 어느 날, 아는 누나에게서 연락이 왔다. 약 2주 동안 몽골을 가는 봉사프로그램이 있는데, 가볼 생각이 있냐고 물어봤다. 프로그램에 대해 자세히 들어보니 스마트폰과 컴퓨터 디지털 시대에 너무 빠져있는 고등학생들을 대상으로 오로지 자연 속에서 생활하며 새로운 경험을 할 수 있도록 하는 봉사프로그램이었다. 거기에 대학생들을 리더로 몇 명 뽑아 프로그램을 함께 진행하는 것이다. 봉사프로그램의 리더로써 나랑 잘 어울릴 거 같아서 내게 연락을 했다고 했다. 방학에 별다른 계획이 없었기도 했고 특히 몽골이라는 나라 자체가 재밌는 경험이 될 거 같았다. 그전까지 몽골에 대해 아는 것이라고는 칭기즈칸 밖에 없었다. 내가 잘 모르는 곳이다 보니 더 경험해보고 싶었다. 그렇게 나는 여름방학에 몽골로 떠나게 되었다. 새로운 사람들과 새로운 곳으로 떠나는 여행은 나에게 설렘을 더해주었다.

몽골은 한국과 환경은 완전히 다르지만, 몽골사람들은 한국 사람과 겉모습은 정말 비슷하게 생겼다. 그런데 대부분의 몽골사람이 영어를 아예 못했다. 몽골어밖에 못 하기 때문에 의사소통은 만인의 공통어인 바디랭귀지(Body language)로 했다. 언어로 소통을 못 하다 보니 대화를 많이 해보진 못했다. 하지만 그 사람의 표정, 행동에 더 집중하게 되었다. 그러다 보니 프로그램을 진행하면서 만났던 몽골 현지인들과 짧은 시간이었지만 더욱 가까워지고 깊은 유대감이 생겼다.

또한 몽골의 대자연은 나에게 행복의 연속이었다. 하늘과 땅이 맞닿아 있는 나라, 몽골. 새파란 하늘과 드넓은 초원이 내 시야의 마지막 경계선에서 맞닿아 있었다. 그 초원을 마음껏 누비며 뛰어다니는 동물들, 바다 같은 호수... 온통 산과 바다로 이루어진 부산에서만 20년을 산 나에겐 처음 보는 광경이었다. 몽골의 탁 트인 초원을 볼 때면 그냥 내 마음속이

'뻥'하고 뚫리는 것만 같았다. 이런 드넓은 초원만 보고 살아서 그런지 몽골 사람 중 안경을 쓴 사람은 단 한 사람도 보지 못했다. 그리고 밤만 되면 온 하늘이 별로 가득 채워진다. 세상을 환하게 비추는 몽골의 밤하늘의 별들은 금방이라도 내 눈 속으로 쏟아질 것만 같았다. 동서남북 어디를 보더라도 별들로 꽉 채워져 있다. 그냥 초원 풀숲에 누워 밤하늘의 별만 보고 있어도 행복했다. 내가 이런 대자연의 광경을 매일같이 볼 수 있다는 것이 너무나도 감사했다.

'새로움'은 항상 사람을 설레게 한다. 몽골에서의 보름의 시간은 새로움의 연속이었다. 특히 여행 도중에 만난 사람들의 때 묻지 않은 시각을 통해 많은 것을 배울 수 있었다. 익숙한 환경을 벗어나 새로운 관계를 쌓아보자. 가끔, 일부러 일상에서 벗어나는 것은 정말 중요하다. 다른 환경과 다른 상황에 자신을 던져놓았을 때 얻어지는 기회를 잡길 바란다. 그 기회가 당신의 인생을 살아가는 원동력이 되어줄 것이다.

여행의 이유

지금은 여행 가는 것을 좋아하지만 몇 년 전까지만 하더라도 사람들이 '여행'을 가는 것에 대한 나의 인식은 썩 좋지 않았다. 대학교 1학년 교양 시간이었다. 사람들의 취미활동을 주제로 한 과제가 있었다.

"당신은 여가 활동으로 무엇을 하며 시간을 보내고 싶은가?"

나는 여론조사를 위해 우리 학교 대학생들을 만나 질문했다. 바쁜 일상을 살아가는 현대 대학생들은 여가로 뭘 하고 싶은지 물어보기 위함이었다. 답변의 결과는 놀라웠다. 80%에 육박하는 학생들이 '여행'이라고 답했다. 그러면 왜 여행을 가고 싶은지도 물어보았다. 대부분의 학생은 "음... 뭐 그냥 재밌을 거 같아서요.", "대부분 여행을 많이 가니깐요." 등등 딱히 별다른 이유 없이 여행을 가려는 사람이 대부분이었다.

나는 그 부분이 굉장히 아쉬웠다. 물론 개인 의사를 밝히고 싶지 않아서 자세하게 답하지 않은 사람도 있었을 것이다. 그러나 내가 보기에는 사람들이 어떤 목적을 가지고 여행을 가기보단, 주변에서 여행을 많이 가니깐 거기에 따라 여행을 가고 싶다고 얘기하는 것처럼 느껴졌다.

여행 자체가 나쁘다는 것이 아니다. 여행을 통해서 얻을 수 있는 것은 무수히 많다. 그렇기에 어떤 생각과 자세로 여행을 가느냐가 너무 중요하다는 것이다. 세상에 여행을 가는 사람은 무수히 많지만, 같은 시공간에 있더라도 사람마다 느끼는 것은 천차만별이다. 여행을 통해 무엇을 느끼고 배울지는 자기가 준비한 그릇의 크기만큼 담을 수 있다. 그 준비는 사람마다 다르겠지만, 뭐가 됐든 목적이 없는 여행은 아무 의미가 없어 보였다.

그렇다고 뭔가 꼭 거창한 것을 준비해야 한다는 것은 아니다. 누군가는 여행을 통해 현실의 삶에서 벗어나, 아무 생각도 하지 않고 여유롭게 힐

링하고 싶은 사람도 분명 있을 것이다. 그것마저도 여행의 목적이고 이유다. 내 말은 그냥 남들이 하니깐 따라 하는 여행이 아니라, 자신만의 주체적인 여행을 떠났으면 좋겠다. 바로 그 여행이 당신에게 주는 의미는 완전히 다를 것이다.

내 삶의 가장 중요한 여행

예전에 읽은 책 속의 한 문장이 있다. 이 문장은 내가 여행을 갈 때 항상 마음속에 새기는 말이다.

'관광객은 구경하고, 여행자는 찾아다닌다.'

정말 멋있는 말이다. 이 문장을 읽고 난 전과 후로 내가 간 여행을 비교해보았을 때 정말 큰 차이가 있다. 내가 여행을 대하는 인식, 자세를 완전히 바꾸게 된 계기이기도 하다. 그저 관광하며 구경하는 것에 만족하지 말자. 자기의 목적한 것을 여행을 통해 느끼고 배우며 찾을 때 그 여행의 퀄리티는 완전히 달라질 것이다.

여행을 가본 사람도 있을 것이고 한 번도 안 가본 사람도 있을 것이다. 여행에 별로 관심이 없는 사람도 있을 수 있다. 하지만 우리는 모두 매일매일 여행 중이다. 바로 '인생'이라는 긴 여행의 길을 가고 있다. 삶에서 가장 중요한 여행, 한 번뿐인 나의 인생을 '객'의 입장이 아닌, 주체적인 삶을 살아가고 싶다.

인생을 살아가는 것도 여행을 가는 것도 절대 세상이 정해놓은 기준에 맞추고 따라가지 말자. 자기의 개성대로 인생이라는 여행을 준비하며 자신만의 인생을 찾길 바란다. 나만의 여행을 가고, 나만의 인생을 살아가자. 내 삶의 주체는 바로 '나', 자기 자신이다.

나는 과연 어떠한 인생의 여행을 가고 있었는지 스스로 한 번 답해보길 바란다.

'당신은 관광객이었는가, 아니면 여행자였는가?'

4

캘리포니아에서의
특별한 군대 생활

20대 한국 남자라면 반드시 가야 하는 곳, 군대다. 나에게도 어김없이 그 시간이 찾아왔다. 사실 너무나도 가기 싫었다. 한, 두 달도 아니고 무려 2년 동안 나의 꽃다운 20대를 군대에서 썩혀야 한다니... 어찌 됐든 가야 할 군대다. 긍정적으로 생각하기로 했다. 2년이면 절대 짧지 않은 기간이니 아무렇게 시간을 흘려보내고 싶진 않았다. 항상 그래왔듯이 나에게 주어진 상황에 최선을 다해 임하기로 마음먹었다.

나는 원래 카투사에 입대하고 싶었다. '카투사'는 주한미군에 속해 근무하는 한국 병사들을 말한다. 즉, 한국군이지만 미군들과 함께 미군 부대 소속으로 군 생활을 하게 된다. 어렸을 때 친했던 형이 카투사 출신이었는데 카투사의 좋은 점들을 많이 얘기해 주곤 했었다. 그리고 영어를 정말 잘했다. 그게 멋있어 보였는지 나도 커서 꼭 카투사로 지원해야겠다고 다짐하곤 했었다.

그렇게 나는 어릴 때부터 생각해왔던 카투사에 지원하기로 했다. 카투사는 살면서 딱 한 번만 지원할 수 있고 정해진 영어점수만 넘기면 뺑뺑이로 선발하기 때문에 100% 운이다. 먼저는 지원 자격으로 요구되는 영어 성적을 맞춘 뒤 간절한 마음으로 결과를 기다렸다. 나의 간절한 마음과 달리 결과는 불합격, 운이 따라주지 않았다. 기대가 커서 그런지 실망감도 너무 컸다. 2년 동안 특별한 군 생활을 만들어보고 싶었는데 무산되었다. 카투사 말고는 딱히 생각해 보거나 크게 메리트를 느낀 곳은 없었다. 하지만 이미 군대 때문에 휴학해놓은 상태여서 어디든 가야만 했다. 육군, 해군, 공군 3군 중 복무기간은 제일 길지만 그나마 자기 자율 시간이 많이 보장된다는 공군에 입대하기로 했다.

생각지도 못하게 이루어진 나의 꿈

공군에 지원하면서 이것저것 알아보다가 공군의 특이한 것을 알게 되었다. 모든 군대는 자기가 군 복무를 하게 될 자대에 배치받기 전, 기본 훈련 과정을 거친다. 공군은 그 기본 훈련 과정 동안의 실기와 필기점수를 합산하여 병사들의 최종 순위를 매긴다. 즉, '성적순'으로 본인이 원하는 자대를 선택할 수 있었다. 앞으로 군 생활할 곳으로 이왕 좋은 곳을 가면 좋으니까 성적을 잘 받기 위해 훈련과정에 열심히 임했다. 그 결과 내가 지정받은 특기 내에서 '1등'의 성적으로 기본훈련과정을 마무리

하였다. 그렇게 특기 동기생 중 첫 번째로 원하는 자대를 선택할 수 있었다. 교관님께서 우리 특기 TO가 있는 각 부대들의 특성을 설명해주셨다. 설명을 다 듣고서 내 마음에 쏙 든 한 부대가 있었다. 바로 군산에 있는 38 전투비행전대!!! 이곳은 미 공군부대 안에 있는 한국 공군부대로 주소지가 '캘리포니아'인 곳이었다.

그 땅은 미국이 우리나라로부터 땅을 사서 미군 부대를 만든 것이기 때문에 주소지가 미국이라는 것이다. 미군들과의 교류도 많고 시설도 좋다며 이것저것 설명을 해주시는데 내 심장은 두근거렸다. 미군들과 군 생활을 하고 싶었던 내 꿈이 이루어질 기회가 생긴 것이다. 38전대 TO는 단 한자리였다. 내가 특기 중 1등을 한 것은 천만다행이었다. 기수마다 인기가 있는 부대여서 1등을 하지 않았다면 지원도 못 해봤을 것이다.

때로는 너무 결과에 집착하지 않고 하루하루를 열심히 살다 보면 원하는 결과를 얻을 때도 있다. 공군에 미군 부대가 있을 거라곤 상상도 못 했다. 카투사에는 떨어졌지만, 다시금 목표를 가다듬고 공군에 지원했다. 그저 성적순으로 자대를 고를 수 있다는 말을 듣고, '이왕 하는 거 잘해보자.'라는 생각으로 하루하루 최선을 다하며 훈련과 교육의 과정에 임했다. 그 결과 생각지도 못한 기회를 얻었다. 1등이라는 성적을 얻었고, 내가 그토록 바라던 미군 부대로 가게 된 것이다. 훈련과 교육의 과정은 2달이라는 짧은 과정이었지만 남은 군 생활을 하는 데 있어서 어떤 자세로 임해야 하는지에 대한 나침판 같은 역할은 해준 시간이었다.

〉 여기 군대 맞아?

그렇게 나의 자대는 '38 전투비행전대' 군산으로 결정되었다. 정들었던 훈련단 친구들과 아쉬움을 뒤로한 채 앞으로의 군 생활을 응원하며 서로의 자대로 향했다. 듣던 대로 미군 시설들은 굉장했다. 버거킹, 서브웨이, 스타벅스, 배스킨라빈스 등 음식점부터 영화관, 볼링장, 체육관 등등 각종 편의시설이 갖추어져 있었다. 물론 한국 병사들은 이용하는데, 어느 정도 제약이 있었다. 특기마다 일과시간도 달라서 편의시설을 거의 이용을 못 하는 병사들도 있었지만 나는 병사 중 정말 많이 미군 시설을 이용한 편이었다.

일과가 끝나면 나는 미군체육관으로 달려갔다. 헬스장, 실내 암벽등반 시설, 스쿼시, 크로스핏, 실내농구장 등등 웬만한 것은 다 갖추고 있었다. 처음 미군체육관 시설에 갔을 땐 깜짝 놀랐다. 군대에 이런 곳이 있다니, 믿을 수가 없었다. 오히려 밖에 있는 시설들보다 훨씬 좋았다.

체육관에서 내가 가장 많이 이용한 시설은 실내 농구장이었다. 나는 원래 농구를 정말 좋아하는데 농구를 하면서 꿈이 하나 있었다. 바로 흑형(흑인 형님)들과 농구 하는 것이었다. NBA를 보면서 언젠가 외국에 나가면 엄청난 탄력을 가진 흑인들과 농구를 하고 싶었다. 그 꿈을 군대에서 이룰 줄이야..!! 일과가 끝나고 농구장에서 미군들과 한, 두 시간 농구를 하고 나면, "내가 진짜 군대에 온 게 맞나?" 생각이 들 정도였다.

‘공부’가 아닌 ‘언어’로 받아들이게 된 영어

미군 부대로 자대배치를 받은 만큼 나에게 가장 큰 목표는 영어 실력을 늘리는 것이었다. 내가 항상 일과 후 체육관에 갔던 이유도 운동뿐만은 아니었다. 외국인 친구를 사귀기 위함도 있었다. 영어를 잘하진 않았지만 나는 무작정 말을 걸었다. 처음에는 외국인 친구들에게 말을 걸기가 무서웠다. 하지만 내가 생각한 것보다 외국인 친구들은 나의 말을 잘 들어줬다. 나는 더 큰 용기를 얻었고 자신 있게 영어로 말을 내뱉었다. 그러다 보니 자연스럽게 영어가 늘었다. 사실 운동을 하면서 잠깐잠깐 얘기를 나눈 것이 영어 실력 향상에 얼마나 도움이 됐겠냐고 말할 수도 있다. 하지만 그 짧은 시간들을 통해, 나는 영어에 대한 인식을 완전히 바꾸게 되었다.

인종은 다르고 문화는 다를 수 있지만 결국 비슷한 인간이다. 쓰는 단어와 형식은 다를 수 있다. 하지만 언어는 사람들이 의사소통하는 수단일 뿐이다. 영어도 똑같았다. 그것을 깨달은 뒤로 언어에 대한 스트레스, 두려움이 사라졌다. 오히려 영어로 말하는 것이 재미있었다. 영어는 나의 취미가 되어버렸다. 다른 세상에서 인생을 살아온 친구들과 ‘영어’라는 언어를 통해 소통하고 싶었다. 그리고 그것은 영어 공부를 하는 나에게 큰 동기부여가 되었다.

〉 부대 우수동아리를 만들다

우리 부대가 미군 소속이어서 그런지 부대에 오는 동기나 선, 후임 중 영어를 잘하거나 영어에 관심이 있는 사람이 많았다. 나랑 훈련소부터 자대까지 가장 오랫동안 함께한 동기도 굉장히 영어에 관심이 많았다. 어느 날 우리는 영어를 정말 잘하는 후임이 2명 들어온다는 소식을 들었다. 한참 영어 공부를 열심히 할 때여서 우리는 그 친구들이랑 영어 동아리를 만들면 어떨지 서로 이야기를 하게 되었고, 후임들에게 한번 물어보기로 했다. 부담스러워할까 봐 걱정했는데 생각보다 후임들은 흔쾌히 좋다고 얘기해주었다. 그렇게 우리는 '야너두'라는 영어 동아리를 만들게 되었다.

우리에겐 원칙이 있었는데 동아리 시간만큼은 절대 한국말을 하면 안된다. 오직 영어로만 대화해야 했다. 어떤 주제든 상관없이 그냥 모여서 별의별 주제를 가지고 대화를 나눴다. 초반 2개월은 원년멤버 4명에서 진행을 했다. 그러다 미군들을 우리 동아리에 초대했다. 타국에 와서 뭔가 새로운 경험을 하고 싶어 하는 미군들은 우리 동아리에 꾸준히 왔다.

영어 동아리는 부대 내에서 한국군들에게도 점점 입소문을 타기 시작했다. 영어에 관심 있는 선, 후임, 간부들 할 것 없이 우리 동아리에 들어오고 싶어 했다. 신청자가 많다 보니 다 받을 수는 없었다. 그래서 우리는 영어에 대한 간절한 마음이 있고, 동아리에 꾸준히 나올 수 있는 사람들을 선발했다. 그렇게 우리 동아리는 부대 내 동아리 중 가장 꾸준하고 활발한 동아리가 되었고 우수 동아리로 뽑혀 지원금을 받기도 했다.

처음 영어 동아리를 할 때는 영어를 잘하던 친구들의 말이 너무 빨라서 잘 못 알아들었다. 그리고 말도 정말 못 했다. 무슨 랙(lack)이 걸린 로봇처럼 버벅거렸다. 한 문장을 얘기하는 데도 시간이 한참 걸렸다. 우리도 말하면서 답답했는데 듣는 사람들은 오죽 답답했을까... 그런데도 두 친구는 우리가 끝까지 말할 수 있도록 기다려주고 들어주었다. 그러다 보니 완벽한 문장이 아니더라도 계속 영어로 말하게 됐다. 우리의 끊임없는 노력과 그 친구들의 기다림 덕분이었을까? 영어 말하기 실력은 점점 향상되었고 계속 영어로 듣다 보니 귀도 열렸다.

1년이라는 시간 가까이 피치 못할 사정이 아니라면 거의 한 번도 빠지지 않고 동아리를 진행했다. 우리의 꾸준한 노력은 빛을 발했다. 버벅거리고 제대로 알아듣지도 못하던 나와 내 동기는 영어로 주제를 놓고 토론을 하기도 했다. 우리의 생각을 언제든지 영어로 표현할 만큼 영어가 친숙해졌다. 정말 놀라운 발전이었다. 물론 영어 동아리 말고도 개인이 매일 따로 영어 공부를 했다. 하지만 개인 공부에서 끝나는 것이 아니라, 공부한 것을 동아리 시간에 써먹고 바로 피드백을 받으니 영어 실력이 쭉쭉 늘었다.

영어는 처음에 나에게 있어 두려움의 대상이었다. 영어로 한마디를 하려고 해도 혹시나 틀릴까 하는 두려움이 앞섰다. 그러나 내가 계속해서 영어로 말을 할 수 있도록 주변 친구들이 이끌어주었다. 또 같이 동아리를 만들었던 내 동기는 서로에게 좋은 자극제가 되었다. 영어는 내게 매일 매일의 도전이었고 군 생활의 원동력이었다. 내가 정말 원어민 수준처럼 영어를 할 수 있는 것은 아니지만, 누구를 만나더라도 영어로 대화할 수 있는 자신감과 용기를 얻었다. '야너두' 동아리 덕분에 나는 소중한 추억을 얻었고 소중한 사람들을 얻었다.

— 5 —

평생의 동반자를 만나다

군대에서 영어 다음으로 나의 우선순위는 운동이었다. 축구, 농구, 테니스, 탁구, 볼링, 웨이트 트레이닝, 스쿼시, 크로스핏 등 정말 많은 스포츠를 하면서 시간을 보냈다. 그중에서도 나에게 가장 뜻깊은 스포츠가 있었다. 바로 '주짓수'였다.

〉스포츠를 통해 바라보게 된 넓은 세상

어느 날 한 선임이 내게 와서 "너 주짓수 해볼래?"라고 물어보았다. 엥..?? 주짓수?? 너무 당황했다. 원래 입대 전에 주짓수 한번 배워보고 싶다고 생각은 했었다. 그런데 군대에서 주짓수를 할 수 있을 거라고는 상상도 못 했다. 나는 얼떨결에 알겠다고 대답했다.

사실 주짓수를 시작할 때까지만 하더라도 주짓수에 대해서 잘 알지 못했다. 얼핏 '여자도 남자를 제압할 수 있는 무술'이라고만 들어 알고 있었다. 첫날, 선임을 따라 주짓수 체육관에 갔다. 거의 미군들밖에 없었다. 한국인은 선임과 나, 또 다른 선임 한 명, 총 세 명뿐이었다. 미군들은 친절하게 우리를 맞아주었고 즐거운 분위기 속에서 주짓수를 했다.

미군들은 대부분 덩치가 컸다. 나도 한국 사람 중에서 그렇게 작은 체격이 아닌데도 불구하고 거기에 속해있으면 굉장히 왜소하게 느껴질 정도였다. 나보다 덩치도 크고 실력도 좋은 사람들이랑 훈련하다 보니, 대결할 때 어떻게든 살아남기 위해서 몸을 이리저리로 비틀며 발버둥을 쳤다. 옷이 땀으로 흠뻑 젖었다. 땀구멍이 열리다 못해 무슨 홍수가 난 것처럼 터져 나오는 거 같았다.

정말 힘들었지만 재미있었다. 처음이었지만 나는 주짓수의 매력에 흠뻑 빠져 버렸다. 나랑 너무 잘 맞는 운동 같았다. 첫날부터 나는 느꼈다. 아마 '주짓수'는 내 평생의 동반자가 되지 않을까...

지금 생각해 보면 내가 그토록 주짓수를 좋아한 것은 주짓수의 운동적인 측면뿐 아니라, 상대방을 존중하는 자세, 멘탈리티, 운동하는 분위기, 서로 챙겨주는 사람들의 모습 등등 모든 것들이 나랑 잘 맞았던 거 같다. 특히 주짓수의 좋은 점은 상대방의 실력뿐만 아니라 서로의 문화도 존중한다는 것이다. '주짓수'라는 스포츠 하나로 다양한 인종의 사람들이 서로 만나고 교류할 수 있었다. 무술의 실력뿐만 아니라 그 외의 다양한 사람들의 생각 또한 배우고 느꼈다. 그렇게 나는 다양한 시각으로 세상을 바라보며 넓은 시야를 가지게 되었다.

〉 미친 듯이 준비했던 한 달의 시간

군대에서 주짓수를 배우면서 한 가지 목표가 생겼다. 바로 주짓수 대회 출전이었다. 주짓수를 정식적으로 배우지도 않았고 주짓수를 시작한 기간도 얼마 안 되었지만, 매일매일 온몸에 땀을 적셔가며 훈련했다. 새로운 기술들을 익히고 연습하며 대결에서 써먹었다. 나는 지더라도 항상 나보다 잘하는 상대와 대결하려고 했다. 그래야 내 실력이 금방 늘 수 있을 거 같았다. 나보다 훨씬 몸집도 크고 기술이 좋아도 깡으로 버티고 이기기 위해 악바리로 연습했다. 거의 하루도 빠짐없이 매일매일 훈련했다. 그러다 보니 단기간에 실력이 정말 많이 늘었고 미군 친구들도 실력이 정말 빨리 느는 거 같다며 칭찬해 주었다.

어느 날 훈련이 끝나고 짐을 챙기고 있는데, 미군 친구들이 이번에 서울에서 열리는 전국 주짓수 대회에 출전할 건데 같이 출전해보자고 내게 물었다. 대회를 나가보고 싶은 생각은 있었지만, 이렇게 빨리는 아니었다. 너무 갑작스러워서 일단 고민해 보겠다고 얘기했다. 출전 여부를 놓고 고민을 하던 중에 내게 항상 친절하게 주짓수 기술을 가르쳐주던 Ric이라는 친구가 있었다. 그 친구가 꼭 같이 대회에 나가자면서 말하기를, 대회 한 경기를 통해 배우는 것이 한 달 동안 훈련하면서 배우는 것보다 훨씬 많을 거라고 얘기했다. 그 친구의 말을 들으니 대회가 나에게 엄청난 경험이 될 거 같았다. 대회를 통해 한 단계 성장할 수 있을 거 같았고 낯선 사람들과 새로운 환경에서의 대결해보며 내가 어느 정도 실력인지도 알고 싶기도 했다.

그렇게 나는 작년 11월, 주짓수를 배운 지 1년 정도 된 시기에 첫 대회를 출전하게 되었다. 대회에 출전하기 위해서는 어느 체급으로 출전할지 정해야 했다. 처음 대회를 나가야겠다고 결심했을 때 나의 몸무게는 84kg 정도였다. 76kg과 82.3kg 두 체급에서 고민하다가 뭔가 더 큰 도전을 하고 싶어서 나는 '-76kg' 체급에 신청했다. 한 달 반의 기간 동안 약 10kg를 빼야 했다. 근육량을 유지하면서 몸무게를 감량해야 했다. 그리하여 나는 대회까지 운동량은 3배로 늘리고 먹는 양은 줄여가며 혹독한 다이어트를 시작했다.

한 달 동안 먹는 건 고구마와 닭가슴살이 대부분이었다. 일과 때 점심 시간에 잠시 짬 나는 시간에 유산소 운동을 하고 일과가 끝나면 주짓수 훈련을 하러 갔다. 그리고 주짓수 훈련이 마치고 나면 헬스장에 가서 웨이트 트레이닝을 통해 힘을 기르는 훈련을 했다. 그렇게 운동이 끝나면 정말 기진맥진한 상태로 숙소로 돌아갔다. 한 달 넘게 매일 그 과정을 반복했다. 대회를 준비하는 기간은 너무나도 힘들었다. 그렇지만 대회 출전이라는 한 가지 목표를 가지고 미친 듯이 달려가던 나의 모습이 멋있고 자랑스러웠다.

대회까지 2주 정도 남은 시기였다. 대회를 위해 순조롭게 잘 준비하던 와중에 문제가 발생했다. 대회 날짜는 토요일인데 바로 전 월요일부터 금요일까지 우리 부대에서 ORI(작전 준비태세훈련)를 하게 된 것이다. ORI는 전쟁상황을 대비하여 공군에서 진행하는 가장 중요하고 빡센 훈련이다. 훈련이 있으면 군인들은 휴가를 나갈 수가 없다. 아무래도 대회가 토요일 오전 일찍부터 있다 보니 부대에서 대회가 열리는 서울까지 이동 시간도 그렇고 컨디션 조절을 위해서도 최소 대회 전날까진 가야 했다. 그런데 훈련 때문에 전날은 무슨 대회 당일에도 제시간에 못 갈 수도 있는 상황이 되어버렸다.

그런데 여기서 끝이 아니었다. 군인은 공군 참모총장의 허락 없이는 민간대회에 출전이 불가하다는 것이었다. 특히 주짓수는 부상의 위험이 있기 때문에 더더욱 허락이 힘들 수도 있다고 간부님은 말씀하셨다. 대회는 이미 신청을 해놓은 상태였고 대회전까지 남은 기간도 촉박했다. 하지만 정말 열심히 준비한 대회였기에 대회를 못 나간다면 너무 아쉬울 거 같았다.

나는 어떻게든 방법을 생각해냈다. 그래도 다행인 건, 내가 행정병이라 간부님들과 어느 정도 친분이 있었다. 나는 발등이 불이 나게 뛰어다니며 간부님께 부탁드려 빠르게 허가 문서를 작성해서 보냈고 제시간에 참모총장님의 허가를 받을 수 있었다. 그리고 다행히 ORI 훈련도 마지막 날인 금요일 오전 일찍 종료되었다. 종료되자마자 바로 휴가를 나갈 수 있었고 우여곡절 끝에 같이 대회를 나가기로 한 미군 친구들의 차를 타고 서울로 향했다.

다른 나라도 아니고 우리나라에서 내가 외국인이 운전하는 차를 타고 서울을 가는 것이 뭔가 신기했다. 서울에 도착해서 친구들의 버킷리스트였던 한국목욕탕도 체험시켜주고 찜질방에서 땀을 빼며 마지막으로 대회 전 체중도 맞추었다.

많은 일이 있었지만, 끝끝내 나는 대회를 나갈 수 있게 되었다. 하마터면 준비한 모든 것이 헛수고로 돌아갈 뻔했다. 예선 64강부터 시작해서 '3등'이라는 성적으로 첫 대회를 마무리했다. 정말 값진 결과였다. 심장이 터질 것 같았던 모든 경기의 순간순간들이 아직도 생생하다. 많은 쟁쟁한 경쟁자들 속에서 첫 대회에 '3등'이라는 성적을 낸 것은 정말 기적이고 놀라웠다.

정말 잊을 수 없는 대회였다. 좋은 결과를 얻어서도 좋았지만, 내게는 한 달 반 동안 대회를 준비했던 모든 여정들이 '3등'이라는 결과 그 이상의 것을 주었다. 대회를 통해 훈련 그 이상의 것을 얻을 수 있다는 친구의 말이 무슨 말인지 알 거 같았다.

주짓수는 군 생활 동안 나에게 정말 잊을 수 없는 추억과 소중한 인연을 남겨주었다. 아마 주짓수가 없었으면 군 생활 못 버티지 않았을까...?

6

인생 뭐 있나? 뿌사보자!!

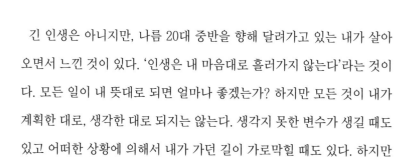

긴 인생은 아니지만, 나름 20대 중반을 향해 달려가고 있는 내가 살아오면서 느낀 것이 있다. '인생은 내 마음대로 흘러가지 않는다'라는 것이다. 모든 일이 내 뜻대로 되면 얼마나 좋겠는가? 하지만 모든 것이 내가 계획한 대로, 생각한 대로 되지는 않는다. 생각지 못한 변수가 생길 때도 있고 어떠한 상황에 의해서 내가 가던 길이 가로막힐 때도 있다. 하지만 작은 일이든, 큰일이든지 본인이 어려움과 한계에 닥쳤을 때, 그 상황을 어떠한 관점으로 받아들이느냐가 너무나도 중요한 것 같다.

가장 가기 싫었던 곳에서 가장 소중한 것들을 얻었다

입대하기 전 군 생활의 기간은 버리는 시간이라고 생각했다. 내 인생의 시간을 낭비하는 거 같아서 정말 가기 싫었다. 하지만 너무 가기 싫었던 군대에서 오히려 나는 많은 것을 얻었다. 좋은 사람들을 만났고, 군대 밖에서도 해보지 못할 경험을 군대 안에서 하기도 했다. 그 경험들은 나에게 소중한 추억으로 남았고, 또 그 추억들은 앞으로 인생을 살아갈 방향성에 대해 큰 가르침을 주었다. 그중 3가지 정도를 얘기해보려 한다.

첫 번째, 하고자 하는 마음을 가지고 노력한다면 반드시 기회는 찾아온다.

상황을 통해서든 사람을 통해서든, 생각지도 못한 것에서 기회는 찾아오기도 한다. 그러나 기회를 잡느냐 마느냐는 그 기회를 맞이한 사람의 자세에 달려있다. 나는 군 생활하는 동안 여러 가지를 경험했다. 그중 가장 큰 목표는 영어였다. 나는 영어 실력을 향상시키기 위해 끊임없는 노력과 에너지를 쏟아부었다. 자연스럽게 영어 잘하는 사람들에게 관심이 갔고 자꾸 물어보고 대화하려 시도했다. 그러다 보니 생각지도 못한 영어 동아리를 군대에서 만들게 되었다.

그렇게 나는 동아리를 통해 영어 실력향상에 엄청난 도움을 받았을 뿐만 아니라, 좋은 인연들을 만들기도 하였다. 자기가 무언가를 하고자 하고 이루고자 한다면 그 목표에 적극적인 자세로 임해라. 얻기 위해 갈망해라. 그러면 당신에게 오는 기회를 붙잡고 그 기회를 통해 성장할 것이다.

두 번째, 인생에서 쓸데없는 시간은 존재하지 않는다.

입대하기 전에도 입대하고 나서도 초반에는 '군대에서의 시간, 군대의 활동들이 의미가 있을까?' 하는 생각이었다. 쓸데없다고 느꼈다. 입대하기 전에는 군 생활 자체를 열심히 하고자 하는 마음이 크지 않았다. 그래도 이왕 해야 하는 거 내가 할 수 있는 만큼 해봐야겠다는 생각이 들었다. '피할 수 없으면, 부딪쳐라'라는 말도 있지 않은가? 기본훈련과정 땐, 성적순으로 자대를 뽑는다는 말을 듣고 원하는 자대도 딱히 없었지만 '6주만 고생하자'라는 생각으로 열심히 했다. 그 결과 나는 1등을 하여 나중에 원하는 자대를 갈 수 있었다.

자대를 가고 나서도 내가 이루고자 했던 영어나 운동뿐만 아니라, 일과시간 동안 내게 주어진 부대의 일 또한 내가 조직에 도움이 되고자 열심히 했다. 그 일들을 통해서 분명 배우고 얻을 수 있는 것들이 있었다. 가장 쓸데없다고 생각한 곳이었지만, 내가 한층 성장할 수 있었던 귀한 시간이었다.

나의 인생을 돌아봐도 그 당시에는 아깝다고 생각했지만 아깝고 쓸데없는 시간은 1분 1초도 없었다. 어떤 일이든지 분명 그 경험만이 나에게 줄 수 있는 가르침이 있었다. 그러한 가르침들이 쌓여 인생을 살아갈 지혜가 되었다. 아마 그 시간이 없었다면, 지금의 나는 없었을 것이다. 앞으로도 그렇다. 내가 어떤 선택을 하게 되고 어떤 길을 가게 되더라도 나는 후회하지 않기로 했다. 설령 그것이 내게 만족되지 않더라도, 나는 매 1분 1초를 소중히 여기며 살아가려고 한다. 그 시간은 나에게 배움의 시간이 될 것이고 성장의 시간이 될 것이기 때문이다.

 당신의 인생을 돌아봤을 때, 정말 아쉽거나 후회되는 순간도 있을 것이다. 혹은 현재 당신이 하는 일에 대해 확신이 들지 않을 때도 있을 것이다. 하지만 그 순간까지도 생각을 조금만 달리한다면 배움의 시간이 되고 앞으로의 인생에 값진 경험이 될 것이다. 우리가 그 순간을 겪지 않았더라면, 우리가 모르고 지나칠 수 있었던 것들을 우리는 그 일들을 통해서 알게 되고 배우게 된다.

 우리는 완벽하지 않기 때문에 항상 삶이 완전하고 마음에 들 수는 없다. 하지만 우리는 삶의 경험을 통해 배우고 몰랐던 것들을 새롭게 알게 되고 잘 못 행한 것들에 대해 성찰하며 더 성장한다. 매 삶에 집중하고 배움의 자세로 임한다면 후회 없는 인생을 사는 당신을 만나게 될 것이다.

 세 번째, 세상은 절대 혼자 살아갈 수 없고 주변에 좋은 사람들은 많다.

 내가 군대에서 값진 경험을 할 수 있었던 데는 주변의 좋은 사람들을 만났고 그 사람들의 도움이 있었기에 가능했다. 너무 좋은 영향을 받았고 그 사람들을 통해서 많은 것을 배울 수 있었다. 군대라는 곳은 열정과 패기가 넘치는 20대의 청춘들이 모여있는 곳이다. 서로의 가치관을 공유하며 감정과 생각들을 나눴다. 군대라는 좁은 곳에서 나는 오히려 다양한 사람들과 대화를 나누며 세상은 내가 생각한 것보다 훨씬 더 넓고 크다는 것을 느꼈다. 세상에는 정말 다양하게 자기만의 인생을 살아가는 멋진 사람이 많았다. 다양한 인생을 살아온 사람들의 삶의 이야기를 통해서 세상을 바라보는 시각을 달리하게 되었다. 그리고 내가 살아가는 인생의 동기부여를 얻을 수 있었다.

군대에서는 항상 '팀워크'를 강조한다. 혼자 잘한다고 전쟁에서 절대 승리할 수 없다. 인생의 전쟁 또한 그러하다. 그 전쟁에서 승리해나가기 위해선 혼자는 불가능하다. 한 손만으로는 못하는 것을 두 손을 가지고선 더 편하게 할 수 있듯이, 혼자서는 못 하는 일을 두 명, 세 명, 여러 명일 때 할 수 있는 것이 많아진다. 주변을 둘러봐라. 좋은 사람들이 많다. 내가 못하는 무언가를 할 수 있는 사람들이 존재한다. 내가 부족한 것들을 채워줄 수 있는 사람이 존재한다. 그 사람들을 통해 배울 것을 배우고 자신의 것을 공유하며 함께 인생의 전쟁을 헤쳐나가자.

그것이 진정한 팀워크가 아닐까?

〉 매 삶에 긍정적인 자세로 임하자

"끊임없이 노력한다면 성공할 수 있을 거예요!!"

개뿔, 요즘같이 모두가 노력하고 사는 세상에 노력만 하다가는 오히려 금방 지치기 십상이다. 나는 지금 헛된 희망과 기대감을 불어넣고 싶은 것이 아니다. 누구나 노력은 한다. 하지만 우리는 여기서 더 나아가 '생각의 전환'이 필요하다. 나에게 주어진 상황들을 어떠한 시각으로 바라보느냐가 중요하다. 그 조금의 차이가 당신에게 닥쳐진 상황을 기회로 만들기도 하고 아니면 그저 평범한 일상으로 받아들이기도 한다.

나는 내 인생의 일들이 내 뜻대로 되든, 안되든 긍정적으로 받아들이기로 했다. 부정적으로 생각해 봐야 도움이 되는 것이 하나도 없다. 자꾸 과거의 일에 얽매이고 미래의 일을 생각하며 불안해하면, 스트레스를 받아서 오히려 잘 되던 일들도 꼬여버렸다. 지나간 것에 대해선 금방 잊어버리고 계속 긍정적으로 생각을 하려고 노력한다. 지나간 일들은 나에게 '경험'이라는 매우 좋은 것을 남기고 간다. 그 경험을 바탕 삼아 다시금 도전한다. 그렇게 매일매일을 목표를 향해 최선을 다하여 살다 보면 나에게 '기회'가 올 것이라고 믿기 때문이다.

그러니깐 내 말은!!! 현재 내가 할 수 있는 것들에 집중하자는 것이다. 새빠지게 노력했는데도 인생이 내 맘대로 흘러가지 않는다고 해서 좌절

할 필요가 없다. 노력이 부족한 것이 아니라, 운이 안 따라줬을 수도 있다. 아니면 내가 생각한 것보다 더 좋은 것들이 나를 기다리고 있을 때도 있다. 내가 카투사에 떨어지고 미 공군부대에 가게 된 것처럼, 오히려 내 뜻대로 되지 않은 상황들에 의해서 더 좋은 것을 얻을 때도 있다.

그렇다고 오로지 현재의 것만 바라보고 집중하라는 것은 아니다. 우리에겐 '목표'라는 동기부여가 필요하다. 미래에 내가 이루고자 하는 이상향을 그릴 필요가 있다. 내가 하는 일들에 대해 목표가 있을 때 우리는 자신의 삶을 주체적으로 살아갈 수 있기 때문이다.

'당신에게 닥쳐오는 모든 인생의 순간들을 즐겨라.'

인생의 모든 순간을 소중히 여기며 다시는 오지 않는 '지금, 이 순간'을 즐기며 살아가자. 내가 노력한 것은 절대 어딜 가지 않는다. 현재의 삶에 최선을 다해 살아라. 그러면 언젠간 다시 기회가 올 것이다. 그리고 '준비된 자'는 기회를 붙잡을 것이다.

〉 완벽한 인생?

사람의 인생에 있어 '완벽'은 없다. 사람은 신이 아니기에 모든 순간에 완벽할 수는 없다. 때론 실수도 하고 실패도 하며 넘어지기도 한다. 그러니 우리는 끊임없이 배워야 하고 다시금 일어나 더 나은 나를 위해 나아가야 한다. 그렇다고 절대 조급할 필요도 없다. 자꾸만 세상이 정해놓은 기준에 자기 자신을 맞추려고 하다 보면, 자기다운 인생을 살지 못한다. 나만의 인생을 살아가자. '인생'이라는 흰 도화지 위에, 자기의 '개성'이라는 물감의 색깔을 입혀 멋진 작품을 만들어보자. 그 작품은 이 세상에 둘도 없는 최고의 작품이 될 것이다.

나 또한 그 최고의 작품을 만들어가기 위해 오늘도 도전한다. 앞으로는 어떤 색깔을 가지고 나의 도화지에 그림을 그려나갈지 너무나도 기대가 된다. 지금 이 책을 읽고 있는 당신의 도화지에도 최고의 작품을 그려가길 바란다.

인생 뭐 있나? 뿌사보자!!

포기말고
'끝'까지!
- 심재영 -

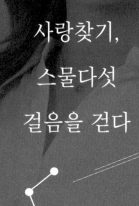

사랑찾기,
스물다섯
걸음을 걷다

작가 / 강현주

어렸을 적 한번쯤 해봤을 '보물찾기' 게임을 기억하는가? 숨겨진 보물을 찾아내는 순간은 짜릿하다. 이 책에 남긴 이야기들은 짧지만 긴 내 인생의 보물찾기를 통해 찾은 보물들이다.

나의 25년을 한 마디로 말한다면 '사랑 찾기'였다. 나를 사랑하고 남을 사랑하는 삶, 이것을 배워왔다. 살아오면서 발견한 사랑을 '글'이라는 보석함에 넣어 다른 이들과 함께 공유하며 모두에게 빛을 선물하는 따뜻한 작가가 되고 싶다.

사랑찾기, 스물다섯 걸음을 걷다

나를 위한 시간, 100일

사람은 누구나 새해를 맞으면 한 살씩 먹는다. 나이 먹는 것을 좋아하는 사람은 아마 없을 것이다. 어른들은 우리를 보고 아직 어린 나이라고 하지만 생생한 10대와 20대의 사연들이 있었기에 꽤 많은 시간이 지나온 것 같다. 20, 21, 22, 23, 24, 25... 학년과 나이가 점점 올라갈수록 뭔가 모를 두려움이 다가왔다. 다시 오지 않을 젊음이 줄어든다는 걱정 때문이다. 시간이 지나는 건 어쩔 수 없지만, 특히 사람들이 대명사처럼 '반오십'이라고 부를 정도로 한풀 꺾이는 스물다섯은 정말 상상하고 싶지 않았다. 그래서 나는 항상 스물다섯이 안 왔으면 좋겠다고 생각했었다.

그러던 작년 스물넷 겨울, 나는 존경하는 분의 말을 듣고 생각이 바뀌었다. 그분은 많은 사람들 앞에 서게 되면서 인생을 뒤바꾼 큰일을 시작하게 되셨는데, 그때의 나이가 스물다섯이었던 것이다. 그리고 미련 없이 20대를 보내왔기에 그만큼 인생을 배로 산 격이 되어 젊은 나이에도 많은 것을 얻게 되었다고 하셨다. 그 말은 스물다섯이 될 나에게 쿵 하고 와닿았다. '아, 스물다섯은 20대 초반이 다 지나간 노화가 시작되는 나이가 아니라, 오히려 위대한 일을 할 수 있는 나이구나!' 하고 말이다. 그렇게 나는 점점 2020년을 기대하게 되었다. 새해에는 무언가 정말 끝내주게 이루어보고 싶었다.

기대했던 25살, 예상치 못한 일이 일어나다

2020년이 되고 지구 역사상 초유의 사태가 발생했다. 바로 '코로나 19' 였다. 일순간에 바삐 움직였던 나의 일상은 조용해지고, 혼자서 온라인으로 모든 것을 감당해야 하는 날이 닥쳐왔다. 시간적 여유는 생겼지만 너무 많은 기대를 했던 2020년이어서 그랬는지 현재 상황에서 무엇을 어떻게 해야 할까 고민은 더 많아졌다. 집순이와는 거리가 멀었던, 워낙 활동적이었던 나에겐 더 답답한 현실로 다가왔다.

혼자만의 시간이 많아지면서 자연스레 지난 나의 10대, 20대 초반이 스쳐 지나갔다. 경주마처럼 앞만 보고 달려온 학창 시절이 벌써 10년이 넘게 지나있었다. 누구나 다 겪는 일일 테지만 학업, 대외활동, 봉사활동, 자기계발, 아르바이트 등 나 또한 쉼 없이 10년을 달려왔다.

그동안 부지런히 긍정적인 생각을 하며 살아왔다고 생각했지만, 이번엔 좀 달랐다. '10년간 열심히 살았지만, 정작 나를 위한 시간이 있었나? 무슨 힘으로 달려왔지? 나는 어떤 사람이었지? 나는 무엇을 좋아하고 싫어했지? 나의 꿈은 무엇이었지? 그동안 이뤄온 게 있나? 지금 나의 인간관계는 어떻지? 내가 원하는 자유가 뭘까? 앞으로 나는 어떻게 살아야 할까?' 하고 수많은 질문들을 던졌다. 내가 가지고 있었던 소중한 것들을 잊어버린 것이었다. 온 국민이 힘든 시기인 만큼 나도 생각이 더 깊어져만 갔다. 내게 다시 터닝포인트가 필요한 시점이었다.

20대 중간점검의 기회

그렇게 늪에 빠져있던 그때, 내 생각을 달리할 수 있는 한마디를 듣게 됐다. '자기 만들기!' 누구나 다 뻔히 아는 말이지만 너무 간절해서였을까. 내 마음에 확 꽂히는 다섯 글자였다. 이 다섯 글자의 힘으로 막막한 코로나 기간은 나의 소중한 20대를 중간점검하고 만들 수 있는 충분한 시간과 기회로 한순간에 바뀌었다.

어느 날, 집 앞에 있는 산이 생각났다. 산을 좋아하는 사람들은 산을 타면서 인생을 배운다고 말한다. 벌레와 땀을 정말 싫어하던 나는 산과 친해질 수 없다고 생각해왔지만 문득 호기심이 생겼다. '그래, 이렇게 시간을 그냥 보낼 수 없지. 내가 저 산에라도 올라가 봐야겠다. 어쩌면 산을 자주 올라갈 수 있는 날도 지금 밖에 없을지도 몰라. 생각도 정리하고 건강도 챙길 겸 딱 한 달만 해보자.' 하며 나 자신과 약속을 하고 산을 오르기 시작했다. 일명 '나만의 생각 비우기 시간'이었다.

처음 10일은 너무 힘들었다. 그때 나의 체력은 바닥인 상태였고, 생전 운동과는 거리가 먼 나였기에 조금만 걸어 올라가도 헥헥거리며 숨이 찼다. 마스크까지 낀 상태여서 두 배로 힘들었다. 긴 코스가 아닌데도 너무 멀게 느껴지고 언제 도착하지 하며 한숨이 나왔다. '그냥 다시 내려갈까... 도저히 못 올라가겠다.' 하며 오르려는 마음과 내려가려는 마음이 수없이 반복됐다. '역시 인생에 쉬운 건 없구나..' 새삼 깨달아졌다. 그렇게 10일이 지나고 20일이 지나도 아직도 숨은 헐떡이고 다리는 떨렸다.

하지만 나와의 약속이었기에 그냥 내려갈 순 없었다. 힘들어도 올라갔다 내려오는 것을 견디고 해내면 몸이 건강해지는 결과를 낳는 것처럼 인생도 뭐든지 '하면 된다' 는 생각은 내 머릿속에 더 단단해져 갔다.

산을 오르며 변화된 '나'

산에 오를 때마다 누군가가 나를 쳐다보고 있는 것 같았다. 시원한 바람과 쨍쨍하고 밝은 햇빛은 나에게 기운 내라는 듯이 함께해 주었고, 정자에 앉아 물끄러미 파란 하늘을 쳐다보고 있는 날이면 내 간절한 마음을 구름도 아는지 나에게 대답해 주는 것 같았다. 그렇게 나는 산에서 마치 누군가와 대화하듯 하늘에 내 속 이야기를 털어놓았다. 나의 고민들, 하고 싶었던 말들, 누구에게도 하지 못했던 말들을 말이다.

어느덧 30일, 약속했던 한 달이 지났다. 매일 산을 가다 보니 어느새 산과 친구가 되어 있었다. 그래서인지 뭔가 이대로 끝내기는 아쉬웠다. 그래서 할 수 있을 때까지 더 해보자 하며 계속 산을 올랐다. 비도 많이 내렸고 덥고 습한 여름이었다. 여름이 깊어갈수록 매일 모기와의 전투가 벌어졌다. 앉으나 서나 걸으나 멈추나 모기는 포기할 줄을 몰랐다. '어디 네가 이기나 내가 이기나 해보자.' 하며 모기도 저렇게 포기하지 않는데 나도 포기하면 안 되겠다는 생각으로 계속 올라갔다. 사실 누가 시킨 일도 아니었기에 내가 그만해도 되는 일이었다. 하지만 이런 작은 변화들은 나를 멈추게 하지 못했다. 그렇게 난 70일을 산에 오르게 되었다.

하루는 아주 커다란 비행기 모양의 거대한 구름을 보았다. 너무 거대해서 그 웅장함에 입이 떡하니 벌어졌다. 신기하게도 타이밍 좋게 그 거대한 비행기구름 바로 밑에 실제 비행기가 떠가고 있었다. 원래 실제 비행기는 크기가 엄청 큰데, 그날 본 거대한 구름에 비하면 비행기가 하늘에 점을 찍어놓은 것 같이 아주 작아 보였다.

그 비행기를 보면서 마치 '나'와 같다는 생각이 들었다. '아, 사람은 아무리 많이 안다고 생각해도 내가 모르는 것이 또 있지. 나보다 더 많이 아는 사람 앞에는 역시 비할 수가 없구나. 맞다. 맞아. 제대로 아는 자에게 더 배우고 싶다. 황금기 같은 20대 때 내 차원을 더 높여야겠다.' 하는 충격적인 깨달음이 왔다.

나는 '사랑을 하는 사람'이 되고 싶다

그렇게 나는 알고자 하는 마음을 가지고 오르고 오르다 결국 100일을 가게 되었다. 매일 같은 장소에 가서 생각을 비우고 나를 돌아보며 내가 잃었던 소중한 것을 되찾는 일이란 쉽지 않았다. 솔직히 '과연 잃어버린 내 마음을 되찾을 수 있을까?' 했으니 말이다. 하지만 누군가 나에게 말하기를, '네가 먼저 표적을 보이면 하늘도 표적을 보인다.'라고 말했다. 정말 그런 표적이 일어난 걸까? 내려놓음과 진솔함으로 100일의 기적은 나에게 일어나고야 말았다.

사실 내가 산을 오르면서 가장 알고 싶고, 꼭 되찾고 싶었던 것이 있었다. 바로 '사랑'이었다. 나는 '사랑을 하는 사람'이 되는 것이 꿈이다. 왜냐하면, 인생의 모든 일은 사랑이 빠지면 앙꼬 빠진 찐빵이라는 걸 깨달았기 때문이다. 그런데 지난 10년 동안 늘 바쁨 속에 있다 보니 '진심이었던 내 마음과 사랑을 누군가에게 준다고 주었지만 정말 잘 전달되었을까? 정말 도움이 됐을까? 안 되었다면 어떡하지? 나는 지금도 진짜 사랑을 하고 있나?' 하는 막연한 불안함이 있었다.

하지만 하늘은 나를 산에 오르게 하면서 선연히 깨닫게 해주었다. 주변을 돌아보니 산에는 바람도 햇빛도 나무도 바위도 변함없이 늘 그 자리에 존재했다. 자연은 존재만으로도 사람들에게 사랑을 주고 있었고, 사람들은 그 사랑을 받아 기쁨을 느끼고 있었다. 그리고 그 사랑이 좋아

계속 산을 찾아왔다. 사랑은 오고 가고 있었다. 나도 그와 같았다. 나의 존재만으로도 내 사랑은 이미 전달되고 있었고 그와 동시에 나도 사랑을 받고 있었다. 사람은 누구나 '사랑'을 할 수 있는 존재라는 것, 그 생각은 더 또렷이 확실해졌다. 사랑의 힘은 우리가 생각했던 것보다 더 큰 힘이다. 내가 살아가는 이유를 알게 해주니까. 그렇게 100일의 시간은 내가 사랑을 받고 사랑을 할 가치가 있는 귀한 사람이라는 것을, 당신도 사랑을 받고 사랑을 할 가치가 있는 귀한 사람이라는 것을 깨우쳐주었다. 그리고 앞으로 더 전진할 수 있는 큰 힘과 위로와 강한 정신을 선물해 주어 내가 잃었던 소중한 것을 되찾는 표적이 일어나게 했다.

작은 표적은 큰 표적을 만든다

2020년은 전 세계 사람들이 코로나로 인해 이례적인 고통을 받았기에 모두에게 잊지 못할 해가 되었다. 하지만 나는 단순히 코로나 때문이 아닌, 코로나 덕분에 또 하나의 사연을 만든 스물다섯의 해가 되어 더욱 잊지 못할 시간이 되었다.

인생을 살아가면서 '나'를 위해 집중하고 돌아볼 시간은 너무 필요하다. 진짜 답을 찾기 원하고, 진짜 나를 찾기 원한다면, 100일이 아니더라도 각자만의 시간을 통해 자신이 할 수 있는 '작은 표적'부터 먼저 행해보길 바란다. 그럼 분명 큰 표적이 일어날 테니까. 앞으로도 나는 소중한 것을 되찾아야 할 때, 이때의 사연을 떠올리려 한다.

_2_

시간이 지나도 남는 것

"남는 건 사진밖에 없어~ 사진 찍자!" 아마 모두 한 번쯤 해봤을 말이다. 사람들은 대부분 어디를 가나 자신이 경험한 일, 처음 가본 여행, 좋아하는 음식, 장소, 사람 등 좋았던 순간들을 기억하고자 SNS에 사진을 남겨 기록한다. 누가 가르쳐주지 않았는데도 모두가 알고 있는 '인증샷 문화'가 되었다.

나도 사진 찍는 것을 정말 좋아한다. 예쁜 풍경이나 멋진 사진을 남기면 괜히 뿌듯하기도 하고, 어느 한때의 기억을 다시 꺼내어 보고 싶을 땐 사진을 보면서 추억팔이도 할 수 있다. 그래서 사진은 내 삶에 필수적인 요소가 되었고 '시간이 지나도 남는 것'은 사진뿐이었다. 그런데 사실 사진보다도 더 남는 것이 있었다. 나와 아주 가까이에 있는 것, 바로 '말'이다.

‘진심’은 결국 이긴다

사진은 언제든지 삭제할 수 있다. 하지만 ‘말’은 세월이 지나도 가슴에 깊이 남는다. 어떤 말을 듣느냐에 따라 내 생각이 달라지고 행동이 달라지는 경험을 누구나 해봤을 것이다.

어느 때는 만나고 싶지 않은, 칼로 찌르는 듯한 말을 만나기도 한다. 모두 살면서 잊고 싶은 기억 하나쯤 있지 않은가? 나도 어떤 사람이 나에게 무심코 휘둘렀던 말이 깊은 상처로 남아 1년간 나를 괴롭혔던 기억이 있다. 그 상처만 생각하면 억울하기도 하고 아프고 눈물이 나면서 두렵기까지 했었다.

누구에게도 말할 수 없을 땐 상처받은 나를 스스로 치료해 주어야 했다. 그런 일을 겪고 나니 덕분에 말 한마디가 얼마나 소중한지 알게 되었고, 적어도 난 아프고 쓰린 말을 남기는 그런 사람은 되지 않으리라 늘 되새기며 나를 더 단단하게 만들어나갈 수 있었다. 그냥 하는 말은 누구나 할 수 있지만, 가슴에 오래 머무르는 좋은 말을 남긴다는 것은 쉽지 않다.

말은 참 중요하다. 말에는 신기한 힘이 있다. 운이 따르고 생명이 담기는 힘이다. 나의 ‘운명’을 바꾸어 놓기도 하니까. 어느 때는 만나고 싶은, 운명 같은 말을 만난다. 따뜻하고 울림이 깊은 말, 내 인생을 뒤집어 놓는 말들 말이다. 나의 ‘말’에 대한 관심이 커져간 것은 중학생 때부터였다. 어렸을 때부터 이야기 듣는 것을 좋아했던 나는 종종 강연을 찾아가서 듣곤 했다. 사실 어린 나이에 누군가의 강연을 듣는다는 건 힘든 일이었다. 그래서 때로는 한 귀로 듣고 한 귀로 흐르게 되는 경우도 있었다. 하지만 내가 알지 못하는 귀한 보석 하나하나를 내 그릇에 모은다는 생각으로 그날도 어김없이 한 강연을 들으러 갔다. 그런데 그날이 내 인생 명언을 찾게 된 하루가 될 줄 누가 알았을까. 내 마음에 멈춘 그 말은 어떤 화려한 말이 아니었다.

" 행한 자의 말은 힘이 다릅니다.
행하는 자가 되어야 합니다.
나는 행한 것만 말합니다. "

그 말을 듣는 순간, 시간이 멈춘 것 같았다. 잊으면 안 될 것만 같았다. 그때 나는 내가 제일 아끼던 보라색 펜을 꺼내어 노트에 꾹꾹 눌러 적었던 일이 아직도 생생히 기억난다. 사실 이 말을 처음 들으면 너무나 당연한 말이 아닌가 하고 생각할 수 있다. 이미 알고 있는 말이기도 할 것이다. 하지만 생각해 보면 진짜 '행한 것만 말하는 사람'이 이 세상에 과연 얼마나 있을까? 행한다는 것은 쉽지 않은 것인데, 이 말씀을 하신 분은 도대체 얼마나 행했길래 이렇게 자신 있게 이야기할 수 있는 걸까? 강한 진실함에서 나오는 자신감, 그것은 내 마음을 빼앗았다.

나도 그런 사람이 되고 싶었다. 그냥 말만 하는 사람이 아니라 '실천' 하고 말하는 사람. 그렇기에 '진심'으로 감동을 주는 사람. 행한 자의 말이었기에 그 화살이 나에게 제대로 꽂힌 것 같았다. 그때 깨달았다.

'진실함'은 내가 먼저 이해하고, 실감하고, 겪어보고, 실천하고 말할 때 진가를 발휘한다는 것을.

나의 말은 누군가의 가슴 속에 남는다

사람은 진솔한 스토리를 듣고 싶어 하듯 진솔한 스토리를 말하고 싶어한다. 그러려면 간단하다. 내가 먼저 움직일 때, 그 감동과 진심은 분명히 전달된다. 잘하든 못하든 어떠한 결과가 중요하다기보다 행함 자체가 곧 나 자신이 되어 깨달음으로 남기 때문이다. 결국 말과 행동은 진심을 남기는 표현이다. 진심을 받은 사람은 그 힘으로 또 하나의 진심을 낳고, 그 진심을 받은 사람은 그 힘으로 또 다른 이에게 선한 영향력을 끼친다.

나도 나를 존재하게 해주었던 말들이 다른 이들에게 든든한 힘으로 남길 바랐다. 그래서 사람들을 만나면 내가 느껴왔던 진심들을 자연스레 이야기해왔다. 그렇게 말로 진심을 낳고 보니 홀연히 말은 그들에게 심어졌고 그들은 변화되고 있었다. 누군가에게 힘이 되고 싶었던 나의 작은 희망들이 어느새 하나하나 이루어지니 신기할 뿐이었다.

나의 말이 누군가의 가슴속에 남는다는 것은 정말 큰 힘이자 감격스러운 일이다! 말은 사랑이다. 우리는 매일 사랑의 일을 하고 있다. 당신은 살면서 자신을 움직이게 하는 운명 같은 말을 만났는가?

그리고 지금, 당신은 어떤 말을 남기며 살아가고 있는가?

3

감사는 ○○○ 비밀

개강하면 종강을 외치고, 출근하면 퇴근을 외치는 본능! 우리는 자유로이 날고 싶은 한 마리의 새이다. 자유롭고 편한 삶은 우리가 하루라는 산을 매일 열심히 넘어가는 이유 중 하나이기도 하다. 열심히 공부하면 성적과 방학이 주어지고, 열심히 일하면 돈과 휴가가 주어지니까. 사람은 원하고 바라던 것을 얻으면 '만족과 자유'를 느낀다.

자유를 향한 바람은 우리를 조금이라도 편안한 쉼으로 데려다준다. 물론 육체적으로 쉬는 것만이 자유의 전부라고 할 수는 없다. 가장 큰 자유는 '마음의 여유'에서 생기기 때문이다. 어쩌면 이것이 지금 현대인에게 가장 필요한 것일지도 모른다.

우리 잘하고 있는 거 맞을까?

주변을 보면 걱정에 빠져 날지 못하는 새들이 생각보다 많다. 대학생 때 대외활동을 통해 교육 봉사와 상담을 경험해오면서 꽤 많은 사람들을 만나보고 대화하며 느꼈다. 사람들은 다 다른 개성체이지만 고민이 있을 땐 공통점이 있었다. 하나의 생각에 묶이면 앞을 향해 전진하기 어려워한다는 점이다.

아이러니하게도 '나는 자유로워! 하고 싶은 것 다 하고 살 거야~' 하는 사람들조차 몸은 쉬고 있고 원하는 것을 하고 있는데도, 마음은 편하게 쉬지 못하기도 한다. '내가 지금 잘하고 있는 걸까? 과거에 실수한 일들이 또다시 반복되면 어떡하지?' 그리고 '내 노력이 다 헛된 것 같고 이룬 것이 하나도 없는 것 같아... 나는 왜 사는 걸까?' 하며 자신을 낭떠러지로 떠밀어버린다.

모든 고민은 생각에서부터 온다. 상대방이 나에게 한계선을 그을 때 그리고 나 자신이 나에게 한계선을 그을 때 그 생각의 선에서 벗어나기란 쉽지 않다. 사람들은 조석으로 변하는 자신의 마음을 전환하기 위해 이것저것을 시도해본다. 맛집 탐방, 여행, 유튜브, 영화 시청 등에 시간을 쓰는 것도 그러한 이유다. 하지만 이런 기분 전환은 사실 잠깐이다. 여유는커녕 무엇 하나라도 마음에 물음표가 생기면 그 물음표는 커져만 가고, 자유로운 날갯짓이 아닌 무거운 날갯짓이 되어버린다. 심지어 날갯짓을 어떻게 했는지조차 잊어버리기도 한다.

나 역시 걱정이 많은 새였다. 그 무거운 날갯짓이 이해되던 나는 걱정의 파도 속에 휩쓸리던 어느 날, 계속 물에 빠져 허우적거린다고 육지로 바로 갈 수는 없다는 것을 알았다. 그럼 어떻게 해야 육지로 갈 수 있을까? 진짜 자유로운 '만족'의 날갯짓은 어떻게 하는 것일까?

나는 현재에 만족하면 더 큰 발전을 이룰 수 없다는 생각에 쉽게 만족하지 않았고, 항상 앞을 향해 나아가는 삶을 추구해왔다. 물론 지금도 발전 있는 삶을 추구한다. 그러나 쉽게 만족하지 못하다 보니 생기는 것이 있다. 인생에서 필요 없는 것, 바로 '쓸데없는 걱정'이다. 살다 보면 늘 선택의 기로에 놓이기 때문에 걱정을 아예 안 하고 살 수는 없다. 문제라는 쓰나미는 끊임없이 밀려오니까. 하지만 우리는 그 문제들 앞에 쓸데없는 걱정들이 의외로 많았다.

진짜 만족이란

바다와 땅은 조금의 차이다. 한 발만 땅에 디디면 육지의 세계이고, 한 발만 물에 디디면 바다의 세계다. 조금의 차이는 큰 차이를 불러온다.

'생각'도 마찬가지다. 어떻게 생각하느냐에 따라 내 삶에 많은 것은 바뀐다. 나는 이 조금의 차이를 알고 나서 걱정과 멀어지고 만족에 가까워지게 되었다. 그것은 '감사'의 생각으로 한 발짝 다가가면서부터 시작됐다. 사람은 아무리 각자가 원하는 것을 얻었어도, 감사하지 않으면 만족하지 못하는 마음만 커져가고 계속 무언가를 채우려고 한다. 마치

밑 빠진 독에 물 붓기와 같다. 감사하지 않으니 걱정의 파도에 계속 휩싸이게 되는 것이다. 어떤 사람은 감사하고 싶어도 감사가 안 나온다고 한다. 하지만 잘 생각해 보면 감사와 불평은 조금의 차이다. 우린 스스로 태어나길 원해서 태어나진 않았지만 이 세상에 태어나 당연한 '삶'을 살고 있다는 것은 사실 당연하지 않은 일이다. 누군가는 그토록 원했던 삶이고, 알고 보면 우리가 바라고 원했던 것도 이 삶 속에 다 들어있으니까. 그리고 한 번뿐인 내 삶을 의미 있게 해주는 사람들... 그들은 우리에게 당연한 존재일까? 당연하지 않다고 말한다면 어떠하겠는가?

지금도 우리 옆엔 '감사할 것'이 참 많다. 멀리 날 수 있는 하늘이 있고, 날아갈 때 힘을 같이 실어주는 바람이 있고, 머무를 곳과 먹을 것이 있고, 무엇보다도 본래 '날개'가 있는 자신과 '함께' 날아갈 새들도 있다. 나는 나 자신과 내 옆에 있는 존재들에 소중함을 느끼고 감사할 때 '진짜 만족'을 얻을 수 있다는 것을 깨달았다. 감사하지 않으면 아무리 받아도 그 기쁨을 놓치기 쉽다. 하지만 감사한다면 그 기쁨은 곧바로 나의 것이 된다.

'감사'에 비밀이 있다면

감사에는 비밀이 있다. 이건 해본 사람만 알 수 있는 비밀이다. 나는 감사를 몸소 실천하신 존경하는 분을 통해 이 비밀을 눈치챘다. 그분은 늘 말씀하신다. 어떤 좋은 일이 일어날 때만 하는 감사가 아닌, 언제나 어디서나 작은 일이든 큰일이든 힘들고 어려울 때도 감사하자고! 그렇게 감사하다 보니 결국 많은 일이 잘 풀리게 되었고, 성공길을 걸어가게 되었다고 말이다. 나는 그 길을 실제 걸어온 그를 보면서 인정할 수밖에 없었다. 감사는 '잘 되는 비밀'이라는 것을!

　우리가 인생의 계단을 밟아가다 보면 넘어지는 일들도 분명 온다. 그동안 많이 넘어졌다면, 그런 자신에게 지금 아무것도 남은 것이 없어 보일 수도 있다. 하지만 정말 남은 것이 없을까? 아니다. 분명 하나라도 남은 것이 있다. 넘어지고, 엎어지고, 실패하는 것, 이것도 삶의 길이다. 이 길을 걸어갈 땐, 불평과 걱정보다 감사를 먼저 떠올리면 어떨까? 쓸데없는 걱정은 나를 성장시켜준 소중한 지난날을 잊혀지게 만들 뿐이니까. 걱정이 오고 만족이 없어지려 할 때, 내가 나 스스로에게 외치는 주문 여덟 글자가 있다. '그럼에도 불구하고.' 이 여덟 글자는 감사라는 다리를 건너 당신을 만족이라는 종착지에 데려다줄 것이다.

하얀 새가 되어

　만약 감사의 색이 있다면 '하얀색'이 떠오르는 것 같다. 다양한 색깔들이 인생 도화지 위에 펼쳐질 때, 감사는 여백의 미가 되어 내 그림을 더 환하고 돋보이게 해주는 고마운 색이니까. 매일 감사함으로 이미 아름다운 당신의 삶을 잊지 않았으면 한다. 더 환하고 빛이 나게 만들기를 바란다.

소중했던 것을 진짜 소중히 여겨보자, 그리고 감사를 껴안고 사랑하자. '감사'가 '내 옆에 한 사람'이 되어 동행해 줄 것이다. 감사로 나를 비우고 마음의 여유를 채워가자. 그러다 보면 우린, 어느 순간 하얀 새가 되어 자유롭게 날아가고 있을 거니까.

오늘따라 이 노랫말이 생각난다.

"자유롭게 저 하늘을 날아가도 놀라지 말아요.
우리 앞에 펼쳐진 세상이 너무나 소중해, 함께라면"_〈마법의 성〉

4

사랑의 온도를 높이는 법

올해 초 새해부터 몸살이 났다. 추운 겨울, 뜨끈뜨끈한 몸을 이끌고 병원을 가는 길에 우연히 한 LED 탑을 보게 되었다. 그곳엔 이렇게 적혀 있었다. "사랑의 온도를 높여주세요." 그 탑은 사랑의 열매 단체에서 세운 '사랑의 온도탑'이었다. 기부하는 만큼 온도가 붉게 올라가는 방식이었다. 그 탑을 보고 있는데 온도가 빨리 차오르길 바라는 마음이 나에게도 절로 생겼다.

참신한 아이디어라는 생각을 하면서도 뭔가 감동적이었다. '참, 세상에는 어려운 사람을 돕기 위해 먼저 사랑하고 애쓰는 수많은 사람이 있구나. 온도가 더 높이 더 빨리 올라갔으면 좋겠다.' 하고 탑을 세운 사람들과 같은 마음이 드는 것 같았다. 아파서 더 그렇게 느껴졌는지 모르겠지만 당장 내가 도움받는 일이 아닌데도 괜히 그 탑이 고맙게 느껴지고 몸이 낫는 기분이었다. 그리고 그 탑의 문구를 다시 한 번 더 천천히 읽어 내려가다 보니 깨달아지는 것이 있었다.

- '아, 사랑의 온도를 높이는 법은 '먼저 사랑'을 하는 것이구나!'

먼저 사랑

사람은 사랑의 존재라서 항상 사랑이 고프다. 누구는 살면서 사랑을 많이 못 받고 자라 외로웠다고 말한다. 가정환경이 어려웠거나 사회적 문제들로 인한 사랑의 상처가 나서다. 하지만 사실 우리 모두는 누군가 값없이 준 '먼저 사랑'을 받아온 사람들이다. 그것도 조금이 아니라 많이. 눈에 보이지 않은 숨겨진 사랑이었을 뿐 그 사랑들을 받았었기에 현재에도 우린 존재할 수 있다.

위의 단체처럼 사회에 봉사해주신 분들, 커서 뭐가 될지 모르는 한 아이를 위해 알아야 할 것을 가르쳐주신 학교 선생님, 내가 아플 때 누군지도 모르는 나를 정성껏 치료해주신 의사 선생님, 나의 존재를 알고 다가와 희로애락을 함께해준 친구 동지들, 그리고 누구보다도 나를 오랫동안 봐오며 물심양면 키워주신 부모님께 받은 사랑말이다.

하지만 이 '먼저 사랑'이 '서로 사랑'으로 이루어지기까지는 꽤나 오랜 시간이 걸리는 것 같다. 특히 나와 가장 가까운 사람일수록 더욱 그렇다.

나를 사랑해서 낳아주신 분, 하지만 사랑하니까 잔소리를 하신다는 부모님. 부모님과 화목하게 잘 지내고 싶지만 때때로 벌어지는 부모 자녀 간의 전쟁은 피할 수 없는 자녀의 운명인 걸까? 나도 어릴 땐 부모님 말씀을 잘 듣지 않고 부모님께 똥고집을 부리며 싸웠던 일들이 참 많은 것 같다. 아마 이 글을 읽는 독자도 부모님과 싸운 일들이 있었을 것이다. 그런데 커서도 사소한 일로 싸우는 이 이상한 쳇바퀴는 사라지지 않고 반복이 된다. 부끄럽지만 올해 어느 하루도, 아주 사소하지만 사소하지 않은 한 사건이 일어났다.

소중한 두 가지를 놓고 일어난 갈등

나는 피아노를 정말 좋아한다. 잘 친다고 말은 못 하지만 한때는 피아노 전공을 생각했을 정도로 고민하며 밴드 활동을 해왔고 지금도 여전히 피아노 연주하는 것을 좋아한다. 그런데 몇 달 전, 내가 17년간 쳐온 피아노가 고장이 나버렸다. 아무리 조율을 하고 고쳐보려고 해도 조율사는 피아노가 수명이 다해 회복되기가 어려워 팔거나 버려야 한다고 말해줄 뿐이었다.

그 바람에 나는 거의 평생을 함께 해온 피아노를 처분해야 하는 상황이 와버렸다. 내가 너무 아끼고 좋아하는, 나에게 음악을 처음 알려준 피아노를 판다는 것은 내 친한 친구를 떠나보내듯이 너무 슬픈 일이었다. 아마 악기를 오랜 시간 연주해온 사람은 공감할 것이다. 그 당시 내 주변에

악기를 하는 사람들도 나에게 피아노를 버리지 말라고 말리기까지 했으니 말이다. 하지만 나는 너무 아쉬운 마음을 꾹꾹 참으며 결국 피아노를 보내주어야 했다.

그렇게 슬픈 마음을 정리하면서, 이제 난 이 피아노를 팔면 생기는 돈으로는 무엇을 해야 할지 고민이 되었다. 아무렇게나 이 돈을 쓰고 싶지 않았기 때문에 어떻게 하면 나름대로 의미 있고 값지게 쓸 수 있을지 찾고 싶었다. 그렇게 방법을 찾다가 구상이 떠올랐다. 그리고 그 구상을 엄마에게 말씀드렸다. 그런데 엄마는 새 피아노를 살 때 어차피 돈이 또 들게 되니 그러지 말고 나중에 보태어 쓰라고 하시며 지금은 돈을 주시지 않겠다고 하시는 것이었다. 아무리 나의 구상을 거듭해서 말해도 엄마는 경제를 생각하시고 의견을 굽히지 않으셨다.

엄마는 나를 위해 말씀하신 것이었지만, 나에게 그 돈은 다른 의미였기에 엄마의 생각대로 쓰고 싶지는 않았다. 이미 친구를 잃는다는 생각에 슬픈 상태였던 나에게 그 생각의 충돌은 너무 답답하기만 했다. 엄마의 말도 맞고, 나의 말도 맞았다. 하지만 서로 양보가 없으니 우리의 목소리는 점점 커져만 갔다. 불씨는 순식간에 번져 나간다고, 이 사소한 일은 불이 붙어 큰일로 번져 나갔다. 늘 이것이 문제였다.

결국, 그날은 피아노 이야기로 끝나지 않았고 그동안 서로에게 쌓여있었던 불만의 이야기들만 더 오고 갔다. 점점 서로의 생각은 부딪쳤고, 건드리지 말아야 할 감정까지 건드리게 되면서 서로의 머리 뚜껑은 이미 열린 지 한참 뒤였다. 나는 엄마와 더 이상 대화하고 싶지 않아 방에 들어갔다. 나는 항상 대화의 중요성을 알고 있었다. 그래서 대화로 풀고 싶었다. 조금만 대화를 잘하면 됐을 텐데 나는 또 왜 그랬을까 후회되기도 하고, 그렇지만 밉기도 하고 만감이 교차했다. 실타래가 꼬여버린 것이었다. 다시 하나하나 어디서부터 꼬이게 되었는지 생각하지 않으면 안 될 일이었다. 나는 시간을 갖고 천천히 꼬인 실타래를 풀어나갔다. 이런 실타래를 풀다 보면 꼭 내가 잘못한 부분들이 있었다. 나는 자존심이 강했지만 쓸데없는 자존심이라는 것을 알았기에 마음을 가라앉힌 후 엄마에게 가서 진심으로 미안하다고 사과하게 되었다. 꼭 그렇다. 결국 풀게 될 일인데 한바탕 싸움을 일으킨다. 그냥 빨리 풀고 싶었다. 사랑하는 엄마니까... 항상 싸움 후엔 대화를 건네면 엄마도 미안했다고 하시며 늘 화목한 해피엔딩이 찾아왔었다.

이제는 알아야 할 때

그런데 이날은 달랐다. 엄마에게 미안하다고 말씀드렸지만, 엄마는 말이 없으셨다. 엄마의 목은 메여있었고, 엄마의 눈에선 눈물이 흘렀다. 엄마는 한동안 말없이, 그저 눈물만 계속 흘리셨다. 할 말이 너무 많은데 눈물로 밖엔 표현할 길이 없는 것 같았다. '항상 강하고 듬직했던 엄마였는데...' 그날 난 엄마를 보면서 내가 왜 눈물이 많았었는지 그제야 처음 안 것 같았다. 그 눈물은 지난 50년이란 세월이 담긴 눈물이었다.

엄마는 하염없이 눈물을 흘리시다 어렵게 한마디를 꺼내셨다. "너무 힘들었어... 정말 너무 힘들게 살아왔어..." 그 말을 듣는데 내 마음이 너무 아프고 내 눈에서도 눈물이 펑펑 쏟아졌다. 그 말은 그냥 힘들다는 단순한 말이 아니었다. 순탄치 않은 인생을 살면서, 어려움을 이기면 희망찬 날이 올 거라는 굳은 믿음 하나로 인생을 견뎌왔고, 사랑하니까 지켜야한다는 마음 하나로 우리를 키우면서 지금까지 살아왔다는 말이었다. 그리고 마음 한 켠에는 더 해주지 못해 미안하다는 마음도 숨겨져 있었다. '사실 엄마가 미안하지 않아도 되는데... 엄마는 이미 다 해주셨는데... 엄마도 말 못 할 어려움들이 있어도 평생 꾹 참고 살아오느라 고생 하셨을 텐데...' 나는 아직도 엄마 앞에 작은 어린아이였다.

사람은 말 안 하면 모른다. 하지만 때로는 사람이 말을 안 해도 알아야 할 때가 있고, 조금만 뒤돌아봐도 알 수 있는 법이 존재했다. 엄마는 때론 츤데레처럼, 나와 싸우는 것 같아도 결국엔 나를 존중해 주셨고 늘 뒤에서 말없이 든든하게 믿어주고 사랑으로 응원해 주시는 분이었다. 단지 서로 기대가 많고 말의 표현 방법이 달랐던 것이었을 뿐, 먼저 사랑해 주는 건 언제나 '내 편'인 엄마였다.

나는 엄마가 먼저 말하지 않아도 내가 엄마의 마음을 알아드리고 진심의 표현을 더 전했어야 했다는 것을 뒤늦게 깨달았다. '수고했다고, 고맙다고, 그 마음 알고 있었다고...' 꼭 말해야 할 사람에게 꼭 해야 할 그말을 잘 못한다. 나는 왜 여태껏 이 '먼저 사랑'을 어려워했을까.

엄마는 애써 눈물을 훔치시고 밥이나 먹자고 하셨다. 그리고 우린 같이 밥을 먹었다. 하지만 그날의 밥은 엄마도 나도 둘 다 눈물을 먹는지 밥을 먹는지 모를 정도로 눈물이 흘렀다. "엄마... 미안해..." 너무 죄송한 마음에 흘린 눈물이었지만, 이제라도 엄마의 마음을 알고 더 잘할 수 있을 것 같아 흘린 기쁨의 표현도 되었다. 서로의 마음을 확인하니 우리는 곧 다시 웃게 되었다. 그날은 정말 잊을 수 없는 날이었다.

하늘을 닮은 부모님

이제 나의 부모님은 제1의 인생을 마치신 후 제2의 인생을 시작하는 나이가 되셨다. 그런데 부모의 마음은 하늘같이 넓은 걸까. 제2의 당신 인생도 이제 무엇을 하며 어떻게 살아가야 할지 막연할 시점에 그분들의 머릿속은 또 온통 자식 걱정뿐이다.

아빠는 요즘 나를 볼 때마다 물어보신다. "현주야, 너는 이제 대학을 졸업하면 어떻게 살고 싶니?" 내가 현실의 한계에 부딪히고 있을 때면 오히려 아빠는 "넌 할 수 있어. 네가 못하는 게 어디 있어! 한 번 도전해봐. 지금이라도 늦지 않았어." 하며 또 사랑을 먼저 주신다. 나는 그 말을 들으면 괜히 쑥스러웠다. 말만으로도 감사한 데 그 말을 들으면 진짜 할 수 있을까 싶다가도 이미 이룬 것 같은 느낌이 들고 희망과 자신감이 차올라 감사했다. 그런 멋있는 아빠에게 나도 궁금했다. "아빠는 이제 어떻게 살고 싶어요?" 아빠도 인생은 끊임없는 진로 고민의 연속이기에 아직 고민 중이라고 하시며 쉽게 대답하지 못하셨다. 하지만 나는 그런 아빠의 모습을 보아도 아빠가 믿어졌다.

아빠는 평소 집에서 늘 하시는 행동이 있다. 좋은 일이 있을 때나 걱정되는 일이 있을 때나 변함이 없는 행동이다. 예를 들어, 집에서 엄마와 나 또는 동생과 싸움이 나면 아빠도 큰소리 치실만 하고 화나실 수 있는 상황들이 있었다. 그런데 아빠는 거기서 버럭 화를 내지 않으신다. 먼저 싸우는 우리를 각자 방에 들어가 잠잠하게 한 후, 아빠도 방에 들어가신다.

그리고 말없이 무릎을 꿇고 묵묵히 가족들을 위해 '기도'를 하신다. 매일 직장을 다녀와 힘들고 지치는 그런 날에도 아빠는 어김없이 새벽을 깨워 기도하셨다. 아빠를 간절하게 움직이는 건 무슨 힘이었을까. 항상 뭘 그렇게 간절히 구하시는지 나는 그런 그의 모습들을 볼 때면 삐딱했던 마음도 뉘우칠 수밖에 없었고, 다시 겸손함으로 열심히 잘 살아야겠다는 다짐들이 몽글몽글 올라왔다.

그렇게 난 나도 모르게 '먼저 사랑'을 받으며, 글에 다 쓰지 못할 만큼 인생에 중요한 것들을 배워왔다. 나는 부모님이 내게 외적인 것을 주신 것보다도, 그저 '사랑하는 마음, 겸손한 마음, 긍정적인 마음'을 심어주신 것이 정말 감사하다. 부모도 부모가 처음이기에 서툰 것이 있다. 부모도 자식의 마음을 몰라줄 때도 있다. 하지만 부모는 처음부터 끝까지 '인내의 길'을 묵묵히 걸어가고 있다는 것을 알게 됐다. 그 길은 가장 긴

'사랑의 길'이다. 그 길을 걷는 것만으로도 부모의 자격은 충분하다고 생각한다.

이 글을 읽는 독자들은 자녀 입장일 수도 있고, 부모의 입장일 수도 있다. 혹시 이 글을 읽고 '이제라도 부모님께 또는 자녀에게 더 잘해줄 수 있을까? 그 마음을 더 잘 알아줄 수 있을까?' 하며 생각이 든다면 그때가 기회이지 않을까 조심스레 말해본다. 함께 사랑의 길을 걸어갈 기회는 생각보다 얼마 남지 않았으니까. 그 사랑의 길이 고통의 길이 되지 않도록 '서로 사랑'이 되기 위한 '먼저 사랑'은 우리에게 꼭 필요한 사랑이다. 세상의 모든 부모나 자녀가 진심으로 먼저 사랑해 준 만큼 자신도 사랑하는 사람에게 많은 사랑을 받았으면 좋겠다. 서로가 서로의 아픔을 감싸주고 기쁨도 나누어주는, 해피오프닝에서 해피엔딩인 영화처럼.

이 글을 쓰는 시점은 내 생일 이틀 전이다. 긴긴 길을 걸어오신 부모님께 언젠가 나를 낳아주신 선물로 글을 써드리고 싶었다. 부족하지만 올해 그 꿈이 현실이 된 것 같아 감사하다. 하늘의 마음을 닮은 그리고 하늘이 내려준 내 친한 친구 인모, 선진이! 이 글을 통해 부모님께 감사하다고 전하고 싶다. 그리고 이 사랑을 깨닫게 해주신 하나님께도 정말 감사드린다.

나는 오늘도 다짐한다.
이젠 나부터 '먼저 사랑'하자고.

5

셀프 드로잉

'화가, 디자이너, 코디네이터, 피아니스트' - 어렸을 때 '나의 꿈' 칸에 적었던 꿈들이다. 내 꿈은 온통 예술인이었다. 항상 만드는 걸 좋아해서 집에 내 전용 '만들기 박스'라는 이름의 상자가 있을 정도였다. 재활용 재료를 비롯하여 온갖 만들기 재료를 모아두고 생각나는 것들을 꺼내어 그때그때 만들곤 했다. 학교에서 미술시간에도 항상 A를 받았었고, 유치원 때부터 고등학교 때까지 만드는 취미를 쉬지 않았다. 그 덕분에 대학생 때도 핸드메이드 동아리를 만들어 직접 운영할 수 있었다. 왜인지는 모르겠지만 나는 손으로 '만드는 것'을 참 좋아했고 항상 눈이 번쩍 뜨였다. 그런데 아이러니하게도 미술의 핵이라고 할 수 있는 '그림 그리기'는 소질이 없는 것 같아 자신이 없었다. 워낙 잘 그리는 사람들이 많기도 하고, 나름 난 창의성이 부족하다는 생각에 일찍이 그림에 대한 꿈을 접고 아예 도전할 생각을 하지 못했다.

〽 다시 시작한 그림

시대의 혜택일까! 그림과 담을 쌓아왔던 내가 테블릿 PC를 장만하면서 드디어 그림에 시동을 걸게 되었다. 아마도 내 마음속에 그림을 잘 그리고 싶은 소망이 계속 꿈틀거리고 있었나 보다. 원래 그림을 그리려면 다양한 물감과 여러 사이즈의 붓, 각종 도화지와 도구들이 필요한데, 이 친구는 애플리케이션 안에 모든 도구가 다 들어있으니 정말 편리했다. 그리고 요즘은 유튜브와 온라인 클래스가 많아져서 나처럼 초보인 사람들도 그림을 수월하게 시작할 수 있었다.

그동안 나는 못 그린다는 추락한 자신감과 희한한 설레임을 동시에 느끼며 하나하나 기능들을 익혀갈 때마다 마치 새로 나온 신상 아이스크림을 맛보는 것처럼 신기하고 달고 톡톡 쏘는 재미가 있었다.

아무래도 처음에는 익히는 데 시간이 걸리고, 터치감과 색감을 찾고 연습하는 것도 시간이 많이 걸렸다. 하나의 그림을 그리기 위해서는 정말 많은 작업이 필요했다. 많은 레이어와 순서 배치, 각종 붓 사용과 터치 방법, 여러 색깔을 여러 번 엎어서 그리는 등 어떤 것 하나도 쉽지 않았다. 그리고 그림에 대한 감각과 집중력, 섬세함과 인내심이 정말 필요했다. 하나의 그림을 그리는 데 두 시간 이상이 걸리기도 하고 그렸다 지웠

다를 반복하며 끊임없이 손을 움직여야 했다. 종이 한 장에 원하는 것을 표현 하려다보니 만들기에 비해 그림은 또 다른 섬세함과 노력이 필요한 것 같았다. 그래도 나는 재미있게 '1일 1그림'을 그리며 셀프 드로잉을 해나갔다. 그림이 완성되었을 때, 그때의 희열과 뿌듯함은 이루 말할 수 없었다. 완성한 그림들을 작게나마 지인들에게 선물하면 그들이 좋아하는 모습을 보고 오히려 내가 더 기쁘고 좋았다. 그리고 머릿속엔 언젠가 내 그림으로 나만의 굿즈를 만들어 판매해보고 싶다는 소소한 꿈도 점점 더 그려졌다.

정성으로 탄생하는 우리

그림을 그리다 보면 자연스럽게 내 인생이란 그림도 어떻게 드로잉 할지 생각하게 된다. 이전에 관람했던 전시회들을 떠올려보았다. 다양한 전시회를 갈 때마다 동일하게 느끼는 것은, 모든 작품은 그냥 뚝딱 만들어지지 않는다는 것이다. 그 어떤 작품도 '정성' 없이 탄생한 작품은 결코 찾아볼 수 없다. 모든 작품엔 작가의 '생각과 마음과 정신'이 고스란히 담겨져 있고 거기에 '정성'이라는 몸부림이 탄탄하게 깔려있다. 정성은 사람의 마음을 아름답게 승화시킨다. 이것은 비단 그림뿐만이 아니다. 음악, 문학, 음식, 교육, 운동 등 각종 분야에서도 정성이 담긴 것은 모두 작품이라고 말할 수 있다. 그렇다면, 내 인생도 무엇을 그리든 정성스럽게 그린다면 이미 작품이 되는 것이다.

사람마다 그림에 대한 취향은 다르지만 누군가 우리의 인생그림이 멋있지 않다고, 작품이 아니라고, 너는 왜 그림을 이렇게 그렸냐고 혹평을 한다면, 나는 나만의 재료와 색감과 터치로 온 우주를 통틀어 단 하나뿐인 '나'라는 작품을 만든 것이라고, '정성'을 담아 그려냈기에 그 값을 매길 수 없다고 말할 것이다.

우리는 모두 다 작품이다. 지구라는 전시회장에서 살아있는 생명력을 보여줄 수 있는 가장 멋있는 작품, 오로지 자기만이 그릴 수 있는 'Made by me' 작품이다. 나는 나대로 너는 너대로 우리 모두는 각자의 인생그림을 그려나간다. 자신의 그림을 정성과 마음을 다해 그려나간다면, 그 그림은 무한대의 가능성을 품고 있는 빛나는 작품이 될 수 있다.

새로운 드로잉 시작

언젠가부터 난 죽기 전에 책 한 권이라도 쓰고 죽어야겠다는 소망을 품기 시작했다. 그런데 그 소망의 스타트가 스물다섯에 이렇게 빨리 이루어질 줄은 정말 몰랐다. 이제 스물여섯의 난 새로운 소망을 꿈꾸어본다. 기회가 된다면 정성과 행복이 담긴 내 작품들로 작은 전시회를 열어보고 싶은 꿈이 있다. 그때가 언제가 될 진 아무도 알 수 없지만 이 꿈도 꼭 이루어지지 않을까? 지금까지 나의 25년을 그려왔듯이, 앞으로의 나의 인생그림 또한 그날이 오기까지 하나하나 정성스레 그려나가리라 다짐해본다. 이 책에 나의 생각 보물들을 담은 것처럼 단순히 작품 전시만

이 아닌 내 생각들을 전시하고 싶다. 그날이 되어 누군가가 내 작품을 보러 와준다면, 그 사람에게도 자신의 인생그림을 어떤 마음으로 그리면 되는지 느끼게 해주며, 진정 아름답고 멋있게 그릴 수 있다는 자신감을 심어주고 싶다.

나는 다시 태어나도 '나의 그림'을 그리고 싶다. 그리고 다시 태어나도 나는 '나'로 태어나고 싶다. 나는 하나밖에 없는 소중한 작품이니까. 나도 당신도 우리 모두는 소중한 작품들이다. 이 세상에 소중하지 않은 사람은 아무도 없기에 비로소 아름다운 삶은 자신으로부터 시작된다.

진심은 통한다

강현주

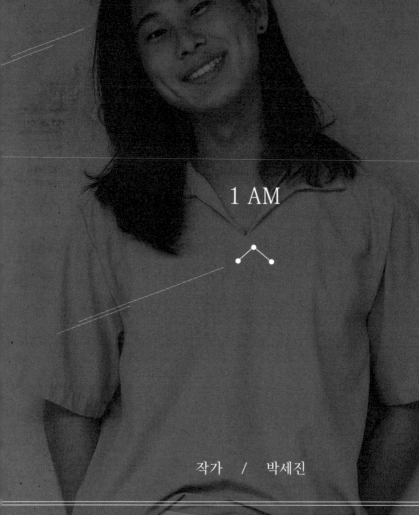

1 AM

작가 / 박세진

고요한 1 AM에 마주하는 I am.

　사실 책을 쓰려는 결심을 하기까지 많은 고민을 했다. 책에 한 번 써놓은 말은 죽을 때까지 지켜야 책을 쓸 자격이 있다고 생각하기 때문인데, 그럴 자신이 없었다. 결코 긴 인생을 살아 오진 않았지만, 이 짧은 기간 안에서도 영원히 변하지 않을 것 같던 사람들과 말들이 변하는 것을 수없이 보아 왔다. 그리고 끝까지 변하지 않기 위해서는, 내가 누군지 확실히 알아야 끝없이 변하는 세상 속에서 나를 잃어버리지 않고 살아갈 수 있다고 생각했다. 이런 생각에서부터 출발해 나를 찾기 위해 떠나온 길을 여러분에게 소개해 보려 한다.

1 AM

1

잃어버린 나를 찾아서
- mindset

초등학교 6학년, 멋모르고 나간 한 어린이 영어 홍보대사 선발대회. 식상하고도 어색한 자기소개를 끝낸 후, 심사위원이 내게 했던 질문이 지금도 귓가에 아른거린다.

"박세진 어린이는 왜 뽑혀야 한다고 생각하나요?"

나는 잠시 고민했다. 왜 내가 뽑혀야 할까. 나는 이게 왜 되고 싶은 걸까. 내게 득이 되는 게 있나. 정말 모르겠다. 짧은 고민 끝에, 나는 약간 당황한 표정으로 이렇게 대답했다.

"엄마 아빠가 좋아하시니까요."

저렇게 대답을 해놓고 왠지 모를 부끄러움에 고개를 들지 못했었다. 부끄러운 건 알아서 그나마 다행이다.

시간이 흘러 스무 살이 되어 처음 대학교에 신입생으로 들어왔을 때, 목표를 하나 세웠다. 물론 해 보고 싶은 것들이 수없이 많이 있었지만, 내가 세운 목표는 '잃어버린 나를 찾는 것'이었다. 다들 흔히 생각하는 공부를 열심히 해서 높은 성적으로 졸업하는 것, 또는 젊음을 즐기며 미친 듯이 노는 걸 목표로 세우더라. 근데 나는 왜 이런 이상한 목표를 세웠을까?

나는 어렸을 때부터 남들이 시키는 대로 곧잘 따라 하는 소위 말 잘 듣는 착한 아들이자 학생이었다. 시키는 대로만 살던 어느 날, 내가 왜 이런 것들을 해야 하는지 생각해보기 시작했다. 그런데 정말 내가 그렇게 살아야 하는 명확한 이유를 찾을 수가 없었다.

그냥 로봇처럼, 나 자신을 위해서가 아니라 마치 어떤 일 그 자체만을 하기 위해 살아가고 있는 것 같았다. 그래서 대학 입학할 때쯤 나도 내가 누군지 모른다고 생각했다. 이대로 가다간 정말 골 빈 사람이 될 것 같았다. 소크라테스의 명언처럼 '나 자신을 먼저 아는 것'이 급선무라고 생각했다. 그렇지 않으면 언젠가는 공부나 일에 잡아먹힐 것만 같았다.

나보다는 남들의 손에 이끌려 시작한 일들

시간의 스펙트럼을 잠시 어린 시절로 돌려 보자. 어렸을 때부터 나는 여러 가지 일들을 시도하고 배우며 살아왔다. 초등학교 때, 나는 학교 학교(*중국어로 수업하는 학교) 라는 곳으로 진학했다. 이유가 있냐고? 나는 당시 그저 친한 형이 다니고 있다는 사실 하나만으로 뒤도 돌아보지 않고 결정을 내렸다. 사실 초등학교까지만 졸업하고 중, 고등학교는 일반 과정으로 갈 것으로 생각했다. 하지만, 원래 알고 지내던 친구들과 떨어지기 싫었고 지금까지 배운 중국어가 아까웠다. 그래서 가정 형편이 그리 좋은 편이 아니었음에도 비싼 학비를 내면서 고등학교까지 졸업하게 되었다.

그 외에도 초등학교 때부터 미술, 바이올린, 피아노, 축구나 태권도 등등 모두 어렸을 때 한 번쯤은 해봤을 법한 것들을 해 보았다. 하지만 대부분이 내가 관심이 있어 시작했다기보단 타인의 손에 이끌려 시작하게 된 것들이었다. 대부분 결국 오래 못 가 흥미를 잃어버렸다. 초등학교 때 피아노를 시작했을 때였다. 시작은 어머니의 어린 시절 집안 형편이 넉넉지 못해 피아노를 배우지 못했던 한이었다. 그게 이어져 자식인 나에게는 꼭 가르쳐야 하시겠다며 나를 동네 피아노 학원에 보내셨다. 그렇게 초등학생 시절 3년 동안 나름 사명감을 가지고 열심히 배우며 중앙음악 신문사가 주최하는 콩쿠르에 나가 2등까지도 해봤다. 하지만, 결국은 내가 좋아서 시작했던 것이 아니었기 때문에 어느 지점에서 흥미와 목표를 잃어버리게 되었다.

⋀ 내 안에 잠들어 있던 흥미 세포를 깨우는 순간

그로부터 몇 해가 지나 중학교 2학년이 되었다. 학교를 마치고 친구 집에 놀러 갔다. 그 친구가 그 당시 유행하던 영화 '겨울 왕국'의 테마 곡 'Let It Go'를 피아노로 치는데 어찌나 멋있어 보이던지. 그 순간부터 내 안에 잠들어 있던 피아노 세포가 다시 살아나는 것 같았다. 피아노를 어떻게 치는지 거의 다 까먹어서 처음부터 다시 시작하는 셈이었지만 무작정 인터넷에서 연주해 보고 싶은 악보를 하나씩 다운받아 집에서나 학교 음악실에서 틈날 때마다 콩나물 하나하나씩 눌러가며 '내가 치고 싶은' 곡을 치기 시작했다.

놀랍게도 학원에서 배울 때는 그렇게도 지루했던 피아노가 지금은 그렇게 재미있을 수가 없었다. 그렇게 한 곡 한 곡씩 내가 치고 싶은 곡을 치니 실력도 늘었지만, 그것과는 상관없이 피아노를 치는 것 자체가 너무 재미있었다. 점심시간마다 음악실에서 피아노를 치고 친구들도 찾아와서 듣는 것이 일상이 되었다. 똑같은 일을 하더라도 내가 관심이 없으면 그렇게 지루할 수가 없고, 내가 관심이 있으면 그렇게 재미있을 수가 없었다.

바이올린도, 축구도, 중국어로 수업하는 학교생활도 똑같았다. 모든 것이 처음에는 내 의지와는 상관없이 그냥 하라니까, 시키니까 열심히 했다. 그러다 오케스트라에 참가해 많은 악기가 서로 다른 소리로 화음을 만들어 웅장한 교향곡을 연주할 때의 그 전율을 느꼈을 때, TV로 축구를 열심히 보면서 그 플레이들을 직접 구현해보고 싶은 열정이 생겼을 때, 지루함은 재미로 바뀌었다. 화교 학교도 그냥 친한 형 때문에 덜

컥 들어갔지만 계속 꾸준히 배우다 보니 어느 순간 언어나 국제 문제에 관심이 생긴 그 이후로부터 내가 정말 하고 싶어서 더 진심으로 임할 수가 있었다. 처음부터 정말 하고 싶어서 시작한 일들은 아니었지만, 사실 수박 겉핥기식으로 깔짝깔짝 하거나 대충해서는 내가 이것에 정말로 흥미를 느끼는지 정확히 알 수 없었다. 결국 어느 정도 성과를 내서 결과물을 내기까지 일단 열심히 하고 볼 일이었다.

⋀ 좋아하는 일들을 찾아온 '과정'

좋은 수학 선생님들은 시험 채점을 할 때 정답을 맞췄는지 보다는 풀이 과정을 더 자세히 본다. 사실, 수많은 인생 선배들이 "네가 진정 좋아하는 일을 해라" 혹은 "너의 특기나 재능을 발견해야 한다." 등의 명언들을 수도 없이 쏟아내 왔다. 하지만 이것은 하나의 교과서 같은 주입식 '정답'이다. 이것은 내가 굳이 여기서 말하지 않더라도 아무 자기계발서에서나 어렵지 않게 찾을 수 있을 것이고, 난 여기서 그런 식상한 말은 하지 않을 거다.

다들 말은 이렇게 하지만, 그들 중 누구도 내가 원래 어떤 일에 재능이 있고 무엇을 해야 행복해질 수 있는지는 가르쳐주지 않는다. 어찌 보면 당연한 얘기다. 애초에 그런 건 정해지지 않았기 때문이다. 그렇다면 진짜 문제는 '어떻게 내가 좋아하는 일들이 생기게 할 수 있느냐'가 아닐까. 이 과정을 모른다면 백번 맞는 말이라도 실천하지를 못하는 법이다.

나는 위에 언급된 일들을 통해서 한 가지 확실히 느낀 점이 있다. 피아노를 배웠던 일을 예로 들어 보자. 나는 처음부터 피아노나 음악에 관심이 있어서 배우기 시작한 것이 아니었다. 만약 내가 피아노를 배우기 시작하자마자 내가 왜 이딴 걸 하며 시간을 낭비하고 있는지 잘 모른다는 생각에 시종일관 대충했거나 처음부터 아예 포기해 버렸다면, 후에 다시 흥미가 생길 가능성은 0%에 가까웠을 것이다.

⋀ 칼을 뽑았으면 무라도 썰어야지

무슨 소리인지 아직 감이 잘 안 올 것이다. "이왕 하기로 했으면 열심히 해 봐야지, 칼을 뽑았으면 무라도 썰어야 할 것 아니냐." 라는 말을 들은 적이 있다. 나는 당시 그 말이 왠지 모르게 뇌리에 깊게 꽂혔다. 그때부터 나는 비단 피아노뿐만 아니라 다른 어떤 일을 할 때도, 그것이 처음부터 그리 흥미롭거나 재미있지 않더라도 절대로 '대충' 하지 않았다. 정말 나와 상극이거나 완전히 내 능력 밖의 일이라 죽어도 못할 것 같다고 생각되는 일이 아니라면 말이다.

게다가 꽤 오랫동안, 어느 정도 성과를 낼 때까지 핑계 대지 않고 꾸준히 했다. 방과 후 교실 청소 같은 사소한 일부터 새로운 것들을 배우는 것까지 모두 그렇게 했다. 만약 내가 뭘 해야 행복해지는지 나 자신조차도 모른다면, 지금 당장 내 눈앞에 놓인 것부터 제대로 해야 이를 통해서 꼭 끝까지 하지 않더라도 미래를 위한 경험을 얻거나, 흥미를 느끼기도 하고 이를 통해 어쩌면 행복해질 수도 있다고 생각했기 때문이다.

한번 생각해 보자. 학창 시절 반 친구들을 둘러보면 간단하게 이해할 수 있다. 반에는 공부뿐만 아니라 운동회나 학예회 등 무엇을 하더라도 각자 맡은 일 1인분만큼은 책임지고 하는 사람이 있는가 하면, 처음부터 아예 의욕 없이 때려치우거나 시종일관 요령만 피우는 사람도 분명히 있다.

물론 이것 한 가지로 그 사람 자체를 단정 짓는다면 절대 안 되겠지만 학교 안의 일만 봤을 때는 결국 매사에 열심이고 진지하게 끝까지 임하는 학생이 비교적 더 눈에 띌 것이다. 이 점을 배제하더라도 이러한 학생들 본인 스스로가 얻어가는 것이 더 많다는 것은 누구나 인정할 것이다.

이것은 학교뿐만 아니라 모든 일을 할 때도 똑같이 적용할 수 있다. 물론, 어떤 일을 당장 이유 없이 열심히 하다 보면 내가 쓸데없는 짓에 시간을 낭비하고 있다는 생각이 들 때도 분명히 있다. 하지만, 일단 해 보기로 하고 '칼'을 뽑았으면 내가 할 수 있는 데까지는 열심히 해 봐야 '무'라도 썰리지 않을까? 중요한 것은 칼을 뽑았으면 일단 휘둘러 보는 것이다. 무조차도 썰 수 없다면 그때 포기하더라도 늦지 않다.

나도 종종 '굳이 이렇게까지 해야 할까'라는 질문을 스스로 던졌었지만, 결국 그중 몇 가지는 나중에 가서 언젠가 때가 되었을 때, 의외로 재미를 느끼거나 예상 밖의 큰 수확을 얻기도 했다. 그리고 그런 몇 가지들을 더 열심히 파다 보면 정말로 그것들에 내 인생을 투자할 만한 가치를 느낄 때도 있었다. 또한, 그쪽 방면의 전문가나 그 분야에 관한 지식이나 자료가 풍부한 사람들의 눈에 띄기도 했고, 그런 사람들의 도움을 받아서 내가 기존에 하던 일보다 더 큰 기회를 얻을 수가 있었다. 누가 시켜서 했든, 좋아서 시작했든 사실 그건 가장 중요한 게 아니었다. 우리는 모두 아무것도 모르는 상태로 출발하지만, 내게 주어진 환경과 우리 인생길 위에 만나는 작은 것들 하나하나를 진실하게 대하는 태도가 더 중요하고 결과에 영향을 주는 요인이라고 생각한다.

⌃ 쓸데없다고 생각하는 일들이 다 쓸데없지만은 않다

이 개념을 내 학창 시절에 적용해 보면, 나는 화교 학교에 결코 저렴하지만은 않았던 학비를 내면서 들어갔지만, 처음부터 조기 교육의 중요성을 깨달았다거나 중국어에 관심이 있어서 들어간 것은 아니었다. 하지만 일단 들어간 이상 중국어와 학교생활에 대충 임하지 않았다. 그런데 계속 학교생활을 열심히 하다 보니 언제부턴가 점점 중국어, 더 나아가서 국제 의제에 대한 관심과 흥미가 생기게 되었고, 결국에는 그렇게 생긴 흥미를 따라서 현재 대만에 있는 국립 대만대학교 정치외교학과에 4년 전액 장학금을 받고 유학 중이다.

대학교를 들어와서도 기억에 남을 만한 일이 하나 있다. 1학년 입학 전 휴대폰 음악 스트리밍 앱에서 노래를 찾다가 정말 우연히 한 스페인어 노래를 발견하게 되었다. 그런데 웬걸. 노래가 너무 좋은 게 아닌가. 이를 계기로 중국어, 영어 이외에 언어에도 한 번 도전해 봐야겠다는 생각이 들어 대학교에 와서 스페인어 수업을 듣게 되었다. 처음에는 이전에 아예 배워 본 적도 없었으니, 정말 0부터 시작하는 셈이었지만 오히려 전공과목에 필적할 만한 노력을 기울였다.

결국 스페인어 교수님께 좋은 인상을 남기게 되었고, 매 학기 스페인어 수업을 단계별로 듣게 되었다. 시간이 흘러 3학년이 된 지금, 나는 중급 스페인어 과목의 조교로 일하고 있다. 주위 사람들은 중국어도, 영어도, 스페인어도 모국어가 아닌 한국인이 대만의 대학교에서 스페인어 수업 조교를 맡는다며 신기해한다. 하지만 나는 스페인어 조교라는 '결과' 하나만 보고 평가하기보다는 스페인어에 관심이 아예 없던 시절에서 조교까지 하고 있는 지금까지의 '과정'에 유념해달라 하고 싶다. 후회 없이 해 본 다음 안 되면 그때 미련 없이 그만두면 되는 것이다. 이 정도면 칼을 뽑아 무까지는 썰었다고 할 수 있지 않을까?

다시 처음으로 돌아가서, 나는 대학 입학 때 나를 찾는 것을 목표로 삼았다고 했다. 그런데 왜 갑자기 이런 교장 선생님의 일장 연설같이 들릴 수도 있는 말을 여기까지 늘어놓았는지 궁금해할 독자들도 분명 있을 것이다. 하지만 이 말을 부디 가볍게 보지 말아 줬으면 한다. 비록 내가 무슨 엘리트 코스를 밟은 것도, 아직은 어떤 분야에서 괄목할 만한 성과를 거둔 것도 아니지만 지금까지의 내 삶을 되돌아본 결과, 지금까지의 '나'라는 사람을 있게 한 중요한 사건들에 있어 결정적으로 작용한

한 내 철학 중 하나를 짧고 간단하게 설명했다.

〈이상한 나라의 앨리스〉의 저자 루이스 캐롤은 이렇게 말했다.

"어디로 가고 있는지 모를 때는, 어느 길을 택하든 당신을 목적지로 안내 할 것이다."

사실, 우리는 각자의 목적지가 어딘지는 알 수 없다. 어차피 자기 성격과 특성은 과정 중에 발견하는 것이고, 앞으로 또 바뀔 것이다. 이것은 어쩌면 내 인생 가운데 끝없이 풀어나가야 할 숙제일 것이다. 하지만 단 하나 할 수 있는 것은 방금 이야기한 마인드를 가지고 조금씩 하지만 꾸준히 무라도 썰다 보면 어느 순간 내가 흥미를 발견하고 꾸준히 하던 일들이 모여서 '나'라는 사람을 형성하고 있음을 느낄 수 있을 것이다. 그렇게 만들어진 나를 따라서 내가 보았던 지평선의 끝까지 가 봤을 때, 지금은 알 순 없지만 바로 그 지점이 나의 목적지가 되지 않을까?

2

처음 달아 본 내 삶의 무게

나는 한국에서 고등학교를 졸업하고 대만으로 대학 유학을 왔다. 고등학교를 갓 졸업했을 때는 마냥 들떠 있었던 것 같다. 해외여행도 몇 번 가보지 못한 내가 이제부터 4년간 타국에서 살게 된다는 생각에 설렘이 걱정보다 앞서 있었다. 익숙했던 주위 환경을 벗어나 새로운 곳에서 새로운 시작을 하는 것은 누구라도 설렐 것이다. 한국을 떠나기 한 달 전부터 매일같이 친한 사람들과 약속을 잡아 작별 인사를 했다. 마지막 날 밤까지도, 집을 떠난다는 것이 실감이 나지 않았다.

공항에 도착해 비행기에 탔을 때만 해도 잠시 여행이나 한번 갔다 오는 느낌이었다. 비행기에서 내려 대만 땅을 밟고, 학교 기숙사에 도착해 짐을 풀고, 룸메이트들과 처음 인사할 때도, 대학교 첫 수업에 나갈 때까지도 딱히 큰 실감이 나지 않았다. 그저 '어떻게든 되겠지'라는 생각이었다. 그때까지만 해도 나는 깨닫지 못했다. 지금껏 내 삶의 무게를 같이 지탱해주던 가족, 친구들, 익숙한 주위 환경, 고국을 떠나 나 혼자 내 삶을 떠받친다는 것이 무엇을 의미하는지를.

⌃ 새로운 세상에 던져지고 나서 느낀 무기력함

대만에 도착하고 일주일 정도 지난 어느 날, 빨래가 수북이 쌓인 빨래 바구니를 발견했다. 사실 여기서 고백하기 부끄러운 소리지만 그때까지 직접 빨래를 해 본 적이 없었다. 더군다나 갓 새로운 환경에 던져진 나는 주위에 물어볼 사람도 하나 없었다. 그날 그렇게 한참을 빨래방 세탁기 앞에 쭈그려 앉아 매뉴얼을 읽으며 어떻게 빨래를 돌리나 고민했던 기억이 난다. 하지만 이것은 시작에 불과했다. 한국에서는 집에 가만히만 있어도 따뜻한 밥이 뚝딱 나오다 보니 당연히 여기서도 그럴 줄 알았다. 매일 같은 반찬을 먹는 것이 내색은 하지 않았지만 지루했고, 외식이 그리도 부럽고 특별하게 느껴졌는데, 여기서는 누구도 밥을 챙겨 먹으라는 소리를 하지 않았다.

잔소리로만 받아들였던 엄마의 "밥 먹어"라는 한마디가 한순간에 사라졌지만 그것을 깨닫기까지는 꽤 오랜 시간이 걸렸다. 물론 처음 며칠은 날아갈 듯 좋았다. 자유롭게 내가 먹고 싶은 것들을 마음껏 사 먹을 수 있었기 때문이었다. 하지만 그것도 처음 며칠뿐이었다. 매일 새로운 식당을 찾아 거리를 헤매며 끼니를 때우는 것도 그것대로 귀찮은 일이었다. 우리 안에서 사료만 먹고 살던 가축이 갑자기 초원에 던져져 사냥해야 하는 기분이랄까? 내 생각과는 달리, 제한된 예산 속에서 영양가 있게 잘 챙겨 먹는 것은 보기보다 만만찮게 힘든 일이었다. "밥은 잘 챙겨 먹고 다니니?"라는 표현이 왜 안부 인사로 쓰이는지 저절로 깨닫는 순간이었다. 그렇게 일상생활의 모든 것을 내 힘으로 새로 만들어나가야만 했을 때쯤, 가족과 익숙한 환경을 뒤로하고 혼자 남은 나에게 삶은 유독 무겁게 느껴졌다. 한편으로는 지금껏 온전히 내 힘으로만 이뤄 온 건 극히 소수였을 뿐이라는 공포가 엄습하기 시작했다.

신입생의 대학 표류기

그뿐만이 아니었다. 대학교에 다니면서 큰 환경에 처음 적응하는 것도 사실 나에게는 상당한 스트레스로 다가왔다. 이해를 돕기 위해 잠시 내 학창 시절에 대한 부연설명을 하자면, 내가 다닌 화교 학교는 초등학교부터 고등학교까지 한자리에 붙어 있었고, 인원수도 적어 한 학년에 반이 하나밖에 없을 정도였다.

이 말은 즉 나는 초등학교부터 고등학교까지 거의 똑같은 반 친구들과 지냈다는 말이 된다. 물론 그로 인해 친한 친구와는 정말 친하게 되었지만, 지금 돌이켜보면 한편으로 새로운 환경에서 새로운 사람들을 만나고 적응하는 것에 대한 경험이 부족했던 것 같다. 이렇게 우물 안 개구리처럼 갇혀 있었던 내가, 한순간에 사람들이 우글거리는 캠퍼스에 덩그러니 던져져 새로운 인간관계를 만들어야 했다. 물론 나는 이전에도 학교 외에 교회에 나가거나, 축구팀 활동 등을 했기에 숫기가 아예 없는 편은 아니었지만, 확실히 대학교에서 모두가 선망하는 '인싸' 유형은 아니었다. 새로운 사람들을 만나는 것을 싫어하지는 않았지만, 시간과 거리를 두고 한 걸음씩 친해지는 편을 선호했다. 하지만, 거짓말 약간 보태서, 모든 신입생들은 첫 수업날 부터 아주 적극적으로 주위 사람들에게 말을 걸며 인맥을 형성하기 시작했다. 이런 패기 넘치는 분위기에 처음부터 압도당했던 것 같다.

나에게는 이런 일련의 과정들이 생소했으며 신기했다. 더군다나 대만 대학교는 한국의 서울대학교 같은 존재라, 대만의 지역별로 제일가는 고등학교에서 올라온 사람들이 대다수였고, 이미 그들 사이의 연결고리가 형성되어 있었다. 반면 나는 아무것도 모르는 외국인 유학생의 입장에서 처음부터 그들 사이에 자연스럽게 끼어들기란 절대 만만한 일이 아니었다. 물론, 나도 눈치가 아예 없는 사람은 아니었기에, 금방 주위 동기들처럼 일단 옆 친구에게 말을 붙이며 서로 연락처나 SNS를 교환하고, 얼굴을 트기 시작했다.

하지만 이내 내 속도와는 달리 주위에서 만들어낸 분위기라는 파도에 휩쓸려 이리저리 표류하는 나를 보며 스스로에게 거짓말을 하는 것처럼 죄책감 비슷한 감정이 느껴졌고, 뭔가 잘못되었다는 걸 느끼기 시작했다.

⋀ 모두가 마주해야만 하는 '자기만의 시간'

일상생활도, 학교생활도 모든 것을 처음부터 시작해야 할 즈음이었다. 나의 무기력함과 내가 어떻게 생각하는지보다 주위의 분위기만 신경 쓰는 나를 보면서 생각이 깊어졌다. '아하-, 나는 이제껏 내 힘으로 할 수 있는 게 거의 없었구나. 난 주위 사람들 없이 혼자 할 수 있는게 과연 있을까?' 생각은 꼬리에 꼬리를 물어, '지금까지의 나는 대체 누구였을까?'라는 생각이 가장 많이 들었다. 그리고 이런 질문들을 나 스스로 수없이 되뇌어 본 결과, 나조차도 나에 대해서 너무 모르고 있었다는 생각이 들었다. 아무리 친구가 많거나, 다른 어떤 것을 잘한다고 해도 결국 그들 자체가 내가 될 수는 없다. '나'라는 사람은 내가 아닌 다른 어떤 것으로 대변될 수 없기 때문이다. '나' 자체가 지니는 존재 의미를 알아야 다른 것들도 의미 있게 할 수 있는 법인데 지금까지 나는 거꾸로 살아왔다는 생각이 들었다. 다른 것들로만 나를 채우려 하다 되려 나를 잃어버린 느낌이었다. 이러한 고민이 내가 대학교에 처음 왔을 때 '나를 찾는 것'을 목표로 세우는 데에 큰 영향을 주지 않았나 싶다.

정말이지 망망대해에 나 홀로 던져진 기분이었다. '집 나가면 개고생'이라는 말이 절로 떠오르는 순간이었다. 하지만, 한편으로는 오기가 생겼다. 어차피 새로운 곳에 던져진 이상, 외롭고, 두렵고, 아직은 아무것도 모르지만, 이것을 오히려 기회로 삼아 언젠가는 솔직하게 마주해야 할 내 인생, 그리고 나를 한번 찾아보겠다고.

⌃ 혼자서도 잘 놀아요

물론 생각은 이렇게 했지만, 딱히 거창하게 뭘 한 것은 아니었다. 시작은 그저 하나하나 내 앞에 오는 문제들을 내 힘으로 스스로 해결하는 것이었다. 물론 어떻게 할지 모를 때는 주위 사람들의 도움을 받았지만, 결국 최종적인 '실행'은 내가 했기에 끝나고 보면 내 경험이 되어 있었다. 빨래나 집안일 같은 작은 일에서부터 학비 납부, 기숙사 계약 등 복잡한 문제 처리까지 말이다. 처음에는 어떻게 하는지 몰라서 여러 번 같은 일을 반복해야 했을 때도 있었다. 하지만 어찌어찌 시행착오를 겪은 이후 성공적으로 처리했을 때, 내 경험과 자산이 되어 있었고, 나도 최소한 내 문제는 해결할 수 있겠다는 자신감이 생겼다.

새로운 인간관계를 만드는 것에 있어서도 급하게 생각하지 않았다. 물론 매일 사교 모임에 나가거나, 새로운 친구들을 만나며 분위기를 띄우는 것은 그 순간만큼은 재미있고 내가 세상의 중심에 속해 있는 것 같아서 좋았다. 하지만 지금까지 내가 느낀 바로는, 생각보다 많은 사람들은 주위에 뒤처지고 홀로 남겨지는 게 싫고, 외로움의 구멍을 메우려고 의지할 사람을 찾는 것 같다고 느꼈다.

우리는 인생의 상당 부분을 혼자 보낸다는 것을 알아야 한다. 아무리 사람들과 일들을 좇아다니는 시간으로 하루하루를 채워 넣어도, 언젠가는 혼자 남겨진 자신만의 시간을 마주하게 되기 마련이다. 사람이나 주위 환경은 언제 변할지 모르지만 나는 항상 같은 자리에 있기 때문이다. 그럴 때마다 주변에만 기대왔던 사람들은 결국 끝에 가서 혼자 남았을 때 '자기 자신'을 의지할 줄 몰라 공허함을 느껴 방황하다 무너지게 된다는 것을 뼈저리게 깨닫게 되었다. 하지만 이 말이 친구를 사귀지 말고 혼자 지내라는 말로 오해받지는 않았으면 한다. 요지는 내가 친구나 주위 사람보다 먼저 나에게 의지할 줄 아는, '혼자서도 잘 노는' 사람이 되어야 한다고 말하고 싶었다.

⋏ 내 속도에 맞춰 살아가기

그때부터 사람들과 보내는 시간만큼 혼자서 보내는 시간에도 신경을 쓰기 시작했다. 혼자 있을 때 멍 때리고 있는 시간마저도 말이다. 별것 없이 흘려보내고 있는 것 같아 보이지만 실은 나를 마주 보고 있는 시간이라 생각하기 때문이다. 심심할 때면, 무턱대고 친구들에게만 의지하기 보다, 혼자 자전거를 타고 강변 공원에 나가서 느긋하게 오후의 햇살을 맞으며 혼자서 힐링하는 법도 배웠다.

또한, 요리를 배워 본 적도 없고 할 줄 아는 음식이라고는 잔뜩 불은 라면과 찌그러진 달걀후라이 밖에 없었지만, 무작정 유튜브를 보고 기숙사 주방에서 하나씩 따라 만들어 이제는 떡볶이나 양념치킨 소스 정도는 가볍게 만들고, 찜닭, 불고기와 제육볶음 등 웬만한 요리는 어렵지 않게 할 수 있게 되었다. 집밥과 고향 음식이 그리울 때 정말 큰 도움이 되었던 것 같다. 주위 친구들을 초대해서 같이 먹기도 하고, 나도 내 앞가림 정도는 할 수 있다는 자신감도 가지게 되었다. 역시 먹는 게 제일 중요해(?).

인간관계도 내가 아무리 인맥을 넓히려 아등바등 애써도 결국 평소에 연락하고 만나는 친구는 상대적으로 소수라는 것을 알고 나서는, 인맥을 넓히는 데만 집착하지 않고 먼저는 나와 잘 맞는 사람들에게 더 집중했다. 결국 그리 많지는 않아도 나와 잘 맞는 친구들을 만났다. 그렇게 대만에서 2년을 보내고 3년 차에 접어드는 지금, 처음 왔을 때와 비교하면 꽤 많은 것들을 스스로 할 수 있게 되었다. 또한 조금이나마 더 '나'의 관점으로 내 인생을 바라볼 수 있게 되었다. 하지만 나는 이것으로 나를 찾았다고 생각하지 않는다.

어디까지나 이제 막 시작했을 뿐이다. 말은 이렇게 거창하게 했지만 사실 나도 모두와 다를 바 없이 힘들 때가 오고 다들 할 법한 고민과 문제들을 겪는다. 하지만 이런 고민을 할 수 있다는 것 자체가 내가 내 삶의 무게를 가감 없이 느끼고 있다는 반증이 아닐까. 이걸 안다면, 비록 무겁더라도 그 자체로 고통받지 않을 것이다.

어떻게 보면 그저 단순한 고민이지만, 또 어떻게 보면 내가 '나'이기에 누릴 수 있는 특권이기도 하다. 정말 다행이지 않은가? 내가 직면한 문제에 대해서 다른 누구도 아닌 '내가' 고민하고 있으니 말이다. 무거워도 괜찮다. 누구에게나 무거울 수밖에 없고 그게 정상이니까. 무거움을 느끼고 세상에 부딪히면서 내가 누구인지 알아가는 거라고 생각한다.

정말로 안 괜찮은 것은, 내 인생의 무게를 달아 보고 감당하는 것을 계속 주변 사람이나 환경 속으로 회피하며, 또는 망각하고 살다가 어느 순간 홀로 남은 자신을 마주하게 되었을 때 견디지 못하고 무너지는 것이 가장 위험하다.

3

시련을 이겨내기 위해
도전한 횟수 400X30X3

이야기는 내 고등학교 2학년 학창 시절 여름 방학부터 시작된다. 내 기억으로 그때는 아마 지금까지 살면서 가장 많이 쏘다녔던 때였을 것이다. 당시를 돌이켜 보면 혈기 왕성한 시기에 세상에서 뭐라도 된 것 같았고, 뭐든 내 맘대로 할 수 있을 거로 생각했다. 나에게 '고등학교 2학년'은 왠지 특별한 의미를 가진 단어로 다가왔다. 1학년처럼 신입생티가 나는 것도 아니고 3학년처럼 진로 고민에 빠져만 있을 시기도 아닌 적당한 긴장과 설렘이 공존하는 마법 같은 시기. 그래서인지 그해 여름방학의 절반 이상을 집 밖에서 보냈다. 지금 내가 봐도 살짝 미친 것 같았다. 수많은 여행을 다녔고, 틈만 나면 집에 붙어 있는 법이 없었다. 부모님께서도 이제 집에 좀 들어오라고 말씀하실 정도였다. 하지만 당시의 내게는 젊음을 즐기는 것이 중요했고, 흘러가는 시간이 아까웠다.

⋀ 어느 여행에서 당한 허리 부상

한 번은 친구와 함께 먼 바닷가로 여행을 갔다. 해변에서 축제를 즐기다 근처에 있는 작은 워터파크를 발견했다. 그곳에는 장애물 레이스를 하는 놀이기구가 있었는데, 모험심과 들뜬 기분에 친구와 내기 경주를 하게 되었다. 한창 혈기 왕성할 시기라 그럴 수도 있다고 생각할 수 있지만, 그때의 나는 위험한지도 모르고 무모한 짓을 하는 게 문제였다. 나는 그때까지도 이 일이 얼마나 큰 후폭풍을 몰고 올지 상상도 못 한 채 경주를 시작했고, 결국 한 장애물을 뛰어넘다 다른 두 장애물 위에 예상치 못하게 떨어져 그대로 허리가 뒤로 꺾이게 되었다. 하지만 그 당시에는 몇 주 아프다 끝날 줄 알고 방학 내내 별걱정 없이 계속 여행을 다녔다. 이듬해 봄에는 아예 잊다시피 하고 있었다. 어느 날 아침, 여느 때와 다름없이 아침에 학교에 가기 전 머리를 감으려 허리를 숙이다 칼로 쑤시는 고통을 느끼기 전까지 말이다.

⋀ 한 순간에 무너져버린 일상

무슨 잠복기가 있는 것도 아니고 왜 하필 몇 개월이 지나서야 아프기 시작했을까. 다 나은 줄로만 알았는데 갑자기 찾아온 고통에 나는 당황했다. 급한 대로 한의원에서 침을 맞으며 치료하러 다니기 시작했다. 하지만 시간이 가면 갈수록 고통은 나아지기는커녕 더 심해지기만 했다.

서 있기만 해도 허리에 칼로 쑤시는 듯한 고통이 느껴졌고, 다리가 저리기 시작했다. 허리의 신경 압박이 왼쪽 다리까지 타고 내려와서 왼발이 거의 마비되어 뜨거운 물을 부어도 미지근한 느낌이었다. 5분만 서 있어도 참기 힘들 정도로 고통스러웠다. 밖에 나가는 것 자체가 나에게는 크나큰 고통이었고, 그 때문에 하루 종일 누워 있을 수밖에 없었다. 뒤늦게 상황이 심각해졌음을 인지했다.

한 번 MRI를 찍어보라는 의사의 권유에 검사를 했다. 이미 예상하고 있었지만, 심각한 허리 디스크라는 진단을 받게 되었다. 의사는 8주간 치료해 보고 호전되지 않으면 수술을 하라고 권유했다. 일주일에 네 번 병원에 가서 치료를 해야 했고 학교에서도 쉬는 시간에 밖에 나가 놀지 못한 채 교실에 남는 의자들을 붙여 온종일 누워 있을 수밖에 없었다. 아름답게 고등학교 생활을 마무리 짓고 대학으로 넘어가려는 나의 계획은 이미 물거품이 되어 버린 지 오래였다. 지금껏 느껴보지 못했던 절망감과 두려움이 나를 엄습하기 시작했다.

⌃ 다른 누구도 아닌 내가 나를 책임져야 한다

몸도 아팠지만, 친구나 부모님, 그 누구도 내가 얼마나 아픈지 제대로 알아주는 사람이 없다는 사실이 더 소름 끼치게 고통스러웠다. 하루는 병원에서 치료를 끝내고 집에 돌아왔는데, 언제까지 이런 고통을 기약 없이 견뎌야 하는지 그날따라 나 자신이 너무 불쌍해 답답하고 외로운 마음에 혼자 방에서 서럽게 눈물을 흘린 기억이 있다. 상황은 그만큼 가혹하고 절망적이었다. 이제 고3인데, 대학교는 둘째 치더라도, 한순간에 일상생활을 제대로 할 수 없어졌다는 사실과 대체 언제 끝날 수 있을지 아무도 장담하지 못하는 상황 속에서 하루하루를 두려움에 떨며 살아야 한다는 사실이 너무 받아들이기 힘들었다. 내 정신력도 슬슬 한계에 다다르고 있었다.

사소한 일에도 민감하고 날카롭게 반응했다. 하루의 3분의 2 이상을 누워서 보내다 보니, 몸도 마음도 나약해졌다. 이렇게 계속 부정적인 생각만 하면서 지내다가는 정말로 언젠간 돌아 버릴 것 같았다. 더는 무기력하고 좌절감에 빠져 살 수만은 없다는 생각이 들었다. 그러던 어느 순간, 불현듯 지금까지 내가 이렇게 고통받는 이유에 대해 어떻게든 내가 아니라 내 주위에 탓을 돌리고 싶어 한다고 느꼈다. 결국 무모한 행동으로 다친 것도, 다치고 나서 제대로 관리하지 못해 일을 키운 것도, 결국에는 내 책임이라는 것을 깨달았다. 내심 알고는 있었지만, 진정으로 인정하게 되었다는 표현이 더 적절한 것 같다. 나로 인해 시작된 일은 어찌됐든 내가 책임지고 마무리 지어야지. 오기가 생겼다.

영화의 주인공들을 보면 항상 역경을 이겨내고 멋지게 성공하는 스토리가 있는데 나도 그들처럼 보란 듯이 이겨내 보고 싶었다. 그래서 나는 이왕 아플 거 깔짝깔짝 아프기보다 극적으로 아파보고, 이 일을 통해서 나를 한 단계 더 이겨내고 성장하고야 말겠다는 결심을 하게 되었다. 하지만, 막상 마음은 이렇게 먹었어도 현실은 여전히 바뀐 것 하나 없었다. 무엇보다 내가 당장 할 수 있는 게 없다는 사실이 계속 나를 불안하게 만들었다.

재활을 시작하게 된 계기

허리디스크로 갖은 고생을 한 지 1년이 넘어갈 무렵, 이젠 더 이상 가만히 있을 수는 없다는 위기감에 주변에 들리는 조언들은 다 시도해 보기 시작했다. 이것, 저것 좋다는 건 다 해보았지만 특별한 효과를 느끼지 못했고, 결국은 다시 가만히 누워있는 삶으로 돌아갔다. 그러던 어느 날, 어떤 분에게서 본인이 직접 실천한 운동법에 대해 듣게 되었다. 그분은 오랜 시간 동안 생활 패턴이 대단히 제한되어 있었음에도 불구하고 이 운동으로 인해 허리 건강을 유지할 수 있었다고 하셨다.

동작은 생각보다 간단했다. 그냥 허리를 앞뒤로 젖히기만 하면 되는 운동이었다. 나는 솔깃하여 그분에게 몇 번이나 했냐고 물어봤다. 하느님 맙소사. 하루에 최소 1,500회씩 했다는 대답을 듣고는 충격에 빠졌다. 이게 바로 그 말로만 듣던 저중량 고반복 운동의 극치인가 싶었다.

그분은 나에게 건강관리를 절대 쉽게 생각하면 안 되고, 최소 3개월에서 6개월, 1년씩 시간을 두고 꾸준히 해야 겨우 조금 좋아진다고 강조하셨다. 정말 이대로 하면 과연 나을 수 있을지 의심이 가기도 했지만, 한편으로는 직접 본인의 경험에서 나온 실화였기 때문에 왠지 모르게 믿음이 갔다. 그날 바로 집으로 가서 그 운동을 1,200회 했다. 하지만 생각해 보자. 당시 나는 허리를 한 번 앞으로 굽히기도, 뒤로 젖히기도 힘든 상황이었다. 그런데 1,200회라니. 동작 한 번 한번이 나에게는 너무나도 고통스러웠다. 하지만 어떻게든 악으로 깡으로 참고 버텼다. 그렇게 일주일이 지났는데 통증이 너무 심해져 도저히 계속할 수 없을 것 같았고, 더 악화하고 있을지도 모른다는 공포가 밀려왔다.

동작 한 번을 할 때마다 여기서 그만하고 때려치울지 한 번씩 고민한 것 같다. 일주일 후, 일단은 내 상황에 맞게 하루에 400회로 조정했다. 그래도 정자세, 최대 가동 범위로 400회를 한다는 것은 내겐 결코 쉬운 일이 아니었다. 겨울에 창문을 활짝 열고 운동해도 땀이 비 오듯 쏟아졌다. 한 번 하면 2시간이 훌쩍 지나갈 정도로 고통과 인내의 연속이었다. 하지만 이건 나에게 있어서 최소한의 선이었고, 이 정도도 못 하고 포기한다면 나는 나을 자격이 없다고 마음을 굳게 먹고 계속 재활을 했다.

400X30X3

꾸준히 이 운동을 한 지 한 달이 넘어갈 때쯤, 신기하게도 증상이 조금씩 좋아지는 것이 느껴지기 시작했다. 약간의 희망이 생긴 듯했다. 그 당시, 나는 바라던 대학교에 지원해 합격했지만, 허리가 아직 일상생활을 할 수 있을 정도로 회복되지는 않아 제때 입학할 수 있을지도 의심스러운 상태였다. 개강까지는 두 달이 남았는데 그때까지는 최소한 일상생활이라도 문제 없게 할 수 있게 만드는 것이 최우선 목표였다. 정말로 불가능해 보였지만 내가 할 수 있는 최선을 다해보자는 일념으로 매일 열일을 제쳐두고 열심히 병원 치료와 재활 운동을 병행했다. 그렇게 내 허리 상태는 조금씩 점진적으로 좋아지기 시작했다. 그렇게 매일 400회씩 30일간 해서 한 달이 되고, 그렇게 3개월을 꾸준히 운동한 결과, 무리하지 않고 규칙적으로 휴식을 취한다는 전제하에 기적적으로 일상생활이 가능해졌다. 그로 인해 대학교도 다행히 미루지 않고 입학할 수 있었다. 그로부터 2년 반이 지난 지금, 이제 나는 다시 내가 좋아하는 축구와 그 밖에 여러 일상생활을 큰 문제 없이 할 수 있게 되었다.

시련과 역경을 이겨낸다는 것의 진짜 의미

이런 고통을 한바탕 겪고 다시 일상으로 돌아와 보니, 내가 지금까지 살아왔던 세상이 사뭇 달리 보였다. 허리디스크와 씨름하기 전에는 철없이 세상을 그저 신나는 모험의 장소로만 봐 왔다면 이젠 세상이 다른 누군가에게는 매일매일 힘든 싸움을 하는 전쟁터일 수도 있겠다고 생각되었다. 이전에 읽었던 위인전들에서 역경과 시련을 딛고 성공하는 스토리가 마냥 멋있게만 보였다. 하지만 그들이 실제로 어떤 고통을 겪었는지 내 경험을 통해 아주 조금이나마 느껴 보니, 역시 밝게만 보이던 성공의 이면에는 각자 피눈물을 흘리며 개척해 온 자신만이 아는 길을 걸어왔었던 것이었다. 참 무엇 하나 쉽게 되는 것이 없다.

우리는 각자 가장 힘들고, 외롭고 고통받을 때, 본능적으로 누군가에게 기대고 의지하고 싶어 한다. 하지만 내 이번 경험으로 미루어 봤을 때, 내가 겪는 고통을 전부 다 알아주고 공감해주는 사람은 없었다. 설령 정말로 있다 하더라도 최종적으로 내가 얼마나 힘들고 아파하는지는 나 스스로가 가장 잘 안다.

힘들고 외로울 때 누군가에게 의지하는 것도 중요하겠지만, 먼저는 내가 나에게 기대고 의지할 줄 아는 것이 우선이라고 생각한다. 다른 사람이 내가 겪는 고통을 빠짐없이 공감해 주길 바라는 것은 이기적인 생각이며 사치다. 하지만 '나'는 내 고통을 오롯이 마주하며 내 아픔을 제일 잘 이해할 수 있는 나와 가장 가까이 있는 존재이지 않은가. 결국은 다른 누구도 아닌 '내 자신'이 내 문제를 해결해 나가는 것이고, 이 모든 것은 최종적으로 내 의지와 정신력으로 극복한다는 것을 느꼈다. 그리고 이렇게 어려움을 하나씩 넘어설 때마다, 나에게 한 걸음 더 가까이 다가가고 있음을 느낀다.

앞으로 남은 삶 동안, 결코 이것이 내 인생의 마지막 시련이라고 생각하지 않는다. 앞으로 훨씬 더 많은 어려움과 더 큰 고통이 충분히 있을 수 있다-아니, 무조건 있을 것이다. 하지만 나는 이번 어려움을 이겨낸 경험을 토대로, 미래에 닥쳐올 시험대에 '나 자신으로서' 맞설 준비가 되었다. 모든 어려움을 이겨 낼 수 있을지는 미지수지만, 최소한 끝까지 포기하지 않을 각오는 되어 있다고 자신 있게 말할 수 있다.

모두 각자만의 남모를 어려움과 말 못 할 고통이 있었을 것이고, 지금 있을 것이고, 앞으로도 있을 것이다. "여러분의 아픔과 고통을 이해합니다" 같은 거짓말은 하지 않을 거다. 나는 모두를 이해할 수 있을 만큼 마음이 넓지 못할뿐더러 이런 말을 할 자격도 없으니까.

　　만약 정말 한 사람의 상처를 자기 아픔처럼 짊어지고 끝까지 같이 걸어가 줄 수 있다면, 그 사람은 정말로 고귀한 사람일 것이다. 많은 사람의 아픔을 그렇게 알아주고 짊어질 수 있다면, 그는 위대한 성인(聖人)으로 역사에 남을 것이다. 이런 어려운 것까지는 바라지 않지만, 이것 하나만은 유념해줬으면 한다. 목전의 어려움에 대해 주변의 기댈 거리를 찾기 전에, 먼저 모든 것은 결국 내가 직접 마주하고 극복해야 할 문제라는 것을 인지하고, 그것을 바탕으로 끝까지 견뎌 냈을 때 나는 한 걸음 더 나아갈 수 있다는 것을.

4

즉흥성의 아름다움

일과를 마치고 집으로 돌아오는 길, 굳이 지름길이 있는데도 아무 이유 없이 딴 길로 돌아가고 싶어 발 닿는 대로 천천히 길거리에 깔린 공기 냄새를 맡으며 온 적이 있을 것이다. 한 번쯤 갑자기 어디론가 떠나고 싶은 마음이 들어 계획 없이 훌쩍 떠난 적이 있을 것이다. 바쁜 현실과 규칙적인 일상 속에 이런 일들이 자주 일어나지 않는다는 것은 잘 알고 있다.

하지만, 알게 모르게 우리들은 규칙적인 일상에서부터의 일탈을 꿈꾸고 있다. 이런 우리의 소리 없는 아우성을 운명의 여신은 아는지 모르는지, 살다 보면 내가 준비하고 계획했던 것과는 전혀 다른 예상치 못한 계획들이 예고 없이 나타날 때가 있다. 그때, 누군가는 미지의 세계와 마주하는 것이 두려워 그냥 지나치기도 하지만, 또 누군가는 비록 어색하지만 서로 알아가며 친구가 되기도 한다.

수강신청 실패에서 스페인어 조교까지

대학교 2학년 1학기가 시작될 무렵이었다. 내가 있는 대학교의 스페인어 과목은 총 4년의 과정이 있다. 당시 나는 스페인어 2년차 과정을 들으려 계획했었다. 하지만 수강신청 때부터 삐걱거렸다. 우리 학교는 추첨제로 수강신청을 진행하는데, 뽑히지 않은 것이다. 개강 후 수강신청 정정 기간 동안 교수님 수업에 찾아가서 추가 수강생 추첨을 했다. 그 역시 추첨으로 추가 명단을 결정하는 방식이었다. 나는 또 뽑히지 않았다. 졸업할 때까지 스페인어 모든 과정을 끝내는 것이 목표였는데, 그 목표가 벌써부터 무너지게 생긴 것이다.

나는 체념한 채 가방을 싸서 터덜터덜 교실을 나가는데 교수님이 나를 부르셨다. 교수님은 나가던 나를 복도에 불러 세워놓고는 제안을 하나 하셨다. 만약 내가 3학년에 스페인어 수업의 조교를 맡는다면 이번에 특별히 수강생 명단에 넣어 주시겠다는 것이다. 조교를 한다는 것은 내가 꿈에도 상상하지 못한 일이었고, 내 계획에는 없던 일이었다. 하지만 뭔가 신기해 보이기도 했고, 나에게는 스페인어2를 듣는 게 급선무였기 때문에 일단 수락하게 되었다. 그렇게 스페인어 2를 무사히 마치고 3학년이 된 현재, 나는 작년 내가 들었던 과목의 조교로 일하고 있다.

처음에 조교에 대해 사실 나는 별생각이 없었다. 그저 쥐꼬리만 한 월급을 받고 빡세게 일하는 교수의 노예로만 알고 있었다. 이제 3학년인데 학업에 영향을 미칠지도 걱정이 되었다. 하지만 직접 해 보니 생각보다 훨씬 흥미로운 일이라는 것을 알게 되었다. 내가 직접 강의를 할 필요는 없었지만 불시에 찾아오는 학생들의 각종 질문에 대답해 주고, 메일로 수강생들의 수업 관련 문의, 결석 신청 등에 답변해야 하며, 교수님이 준비해주는 자료들을 검토한 후 프린트해서 나눠줘야 했다. 어떻게 학생들의 질문에 대답해야 할지 생각하다 보면 누군가를 가르치기만 하는 것이 아니라 나도 같이 배우게 되었다. 그리고 내가 평소에 즐겨 듣는 스페인어 음악들을 학생들에게 소개해 주기도 한다. 가끔 학생들이 찾아와 "조교님, 저번에 추천해 주신 노래 정말 좋은 것 같아요"나 "바쁜 와중에도 시간 내서 이런 좋은 노래들 알려주셔서 감사합니다" 같은 말들을 해 주는데 이때 가장 큰 보람을 느끼게 된다.

이런 일들을 하다 보니 학생의 입장에서 강의를 듣기만 하다가, 교수님과 함께 강의를 만들어나가는 관점에서 수업을 바라보게 되었다. 아직 조교의 직무가 끝나지 않아서 앞으로 더 느끼고 배울 점들이 훨씬 많겠지만, 한국인이 대만에서 스페인어 조교를 한다는 것은 분명히 내게 의미 깊은, 신선하고 흥미로운 경험이다.

⌃ 교환학생을 준비하게 만든 친구와의 통화

아주 친하게 지내는 친구가 한 명 있다. 이 친구는 캐나다에서 유학 중이고, 나는 대만에 있기에 영상통화가 우리의 유일한 '교신' 수단이다. 2

학년 2학기 무렵, 우리는 여느 때처럼 영상 통화를 한 적이 있다. 서로의 근황 토크부터 시작해서 최근 힘들었던 일이나 흥미로웠던 일들을 공유하며, 통화가 1시간이 넘어가던 때였다. 그 당시 우리는 서로 못 본 지도 꽤 오래되었으니 언젠간 서로가 있는 곳으로 놀러 가자는 얘기를 하고 있었다. 그러다 순간 내가 캐나다에 교환학생을 가면 어떨까 하는 생각이 들어서 친구에게 툭 던지듯이 얘기했다. 친구는 당연히 너무 좋다고 했고, 나는 한다면 진짜 한번 제대로 해 보겠다고 했다.

 통화를 마친 후, 곧장 학교에 캐나다의 모 학교로 교환학생 신청이 가능한지 문의했고, 가능하다는 답변을 받았다. 그때부터 나에게는 갑자기 '교환학생'이라는 목표가 생겼다. 교환학생 지원 시 학교성적과 영어점수가 심사 평가에 반영되기 때문에 원래 크게 신경쓰지 않던 학교성적에 신경을 쓰기 시작했고, 토플을 공부하기 시작했다.
 사실 대학교 입학 시, 나는 공부에 크게 미련이 있지 않았다. 심지어 '공부에 잡아먹히지 말자'가 내 대학생활 모토 중 하나였으니 말이다. 하지만 교환학생이라는 목표가 생김으로 인해 내가 성적에 신경 쓸 이유가 생겼고, 목표가 생긴 이상 열심히 노력하게 되었다. 그 결과, 그 학기에 12개 과목들을 수강하고 있었음에도 불구하고 우리 과 69명 중에서 10등을 하게 되었다. 바로 이전 학기성적은 비슷한 이수 학점으로 과 내 석차가 40등이었음을 감안하면 나에게는 학과 수석보다 더 값진 성과였다. 또 한편으로는, 오랫동안 손을 놓고 있었던 토플 공부도 시작했다. 낮에는 학교에서 수업을 듣고, 밤에는 학원에서 멀어져 가는 정신줄을 붙잡으며 토플 공부를 하며 최대한 노력했다. 학업도 같이 해야 하는 상황에서도 친구와의 약속을 지키기 위한 최소한의 책임이라고 생각하고 최선을 다했다. 결국은 정말 다행히도 목표점수를 넘기는데 성공했다. 하지만, 정말 거짓말같이 모든 것을 다 준비했는데 마지막에 접수 기간을 깜빡하고 기한이 지나서 모든 걸 날려버리게 되었다. 내 자신에게 너무 어이가 없었지만 그래도 지금까지 달려온 길을 후회하지는 않는다. 성공하지는 못했지만 친구와의 약속을 위해서 최선을 다했다는 것이 자랑스럽기 때문이다.

⋀ 언어 교환에서 만난 친구

대학교 1학년 1학기, 한창 스페인어를 배우기 시작했을 때 친해진 멕시코 친구 A가 있다. 그 친구는 방학 때 한국에도 놀러 오고, 가끔 같이 여행도 가는 좋은 친구이다. 어느 날, 그 친구에게서 문자가 왔다. 내게 언어 교환에 관심이 있냐고 했다. 멕시코에 있는 자기의 가장 친한 친구 B가 한국어를 배우고 싶어 하는데, 나를 소개해 주고 싶다는 것이다. 사실 나는 처음에 너무 뜬금없어서 답장을 하는 찰나 간 수많은 고민을 했다.

스페인어를 연습할 기회가 생기는 것은 좋았지만, 당장 내가 외국인에게 영어로 한국어를 잘 가르칠 자신이 없어서였다. 또 언어 교환을 하다 잘 안 맞으면 어떻게 할까, 내 시간을 잡아먹을까 봐 걱정을 많이 했다.

하지만 B와 처음 영상 통화로 언어 교환을 시작했을 때, 놀랍게도 5시간 이 넘도록 통화했다. 생판 처음 보는 사이임에도 말이다. 우리에겐 공통점이라고는 서로를 소개해 준 친구 A와 서로의 언어를 배우고 싶은 마음 밖에는 없었다. 친한 친구나 부모님과 오랜만에 통화할 때도 2시간을 넘기기가 어려운데, 지금 다시 생각해 봐도 여러모로 놀라운 일이었다.

그 후로 지금까지 일주일 중 하루는 시간을 내서 언어 교환을 하고 있다. 막상 일단 해 보니, 내가 처음에 우려했던 잘 가르칠 수 있는지는 중요한 게 아니었다. 학생과 선생님의 관계로 생각하기보다는, 그때그때 물어보고 싶은 표현 등을 물어보며 부담 없이 즐기는 시간이었다. 서로의 언어를 가르쳐 주는 것뿐만 아니라, 서로의 관심사나 문화적인 요소들도 많이 공유할 수 있었다. 서로 실제로 만난 적은 없지만, 매번 통화할 때마다 4시간 정도씩 계속 수다를 떠는 것을 보면 이렇게 친해질 수가 있나 싶을 정도다.

스페인어나 한국어뿐만 아니라, 몇 시간 동안 영어로 말한다는 것은 전에는 상상도 못 했던 일이었고, 이것은 또한 이번 토플 스피킹을 준비하는 데에 있어서 결정적인 역할을 했다. 또한, 이 책을 쓰고 있는 기간에도 그 친구에게 내가 쓴 내용을 말해 주기도 한다. 그러면 그 친구는 듣고 다시 나에게 글에 대한 생각이나 내가 생각지 못했던 새로운 아이디어를 던져 주기도 한다. 내 글이 나오게 된 데에는 분명히 이 친구의 지분도 꽤 있을 것이다. 이렇게 언어 교환뿐만 아니라 아주 좋은 친구를 한

명 만난 것 같아서 너무 기쁘다. 이렇게 즉흥적으로 시작한 언어 교환이 이제는 내 일상의 많은 곳에 영향을 미치고 있다.

Credits to Rhona. ¡Muchas Gracias!

기회라는 나그네

앞서 말한 이야기들은 모두 공통점이 있다. 이미 눈치 챈 사람도 있겠지만, 모두 즉흥적으로 시작하게 된 일들이다. 내가 오랜 시간을 두고 계획해 실행한 일이 아니라는 것이다. 나는 이런 일들이 내 인생에 올 줄은 상상도 하지 못했다. 하지만 만약 내가 즉흥적으로 받은 제안이나 떠오른 생각을 마음속에 묻어만 두고 실행에 옮기지 않았더라면, 스페인어 조교를 할 일도, 교환학생 준비를 해 볼 일도, 언어 교환으로 소중한 친구를 얻게 될 일도 없었을 것이다.

기회는 마치 지나가는 나그네와도 같다. 내가 준비되어 있든 안 되어 있든, 어느 순간 내게 와서 잠깐 쉬다 다시 자기 갈 길을 유유히 떠난다. 나그네가 떠나기 전에 그를 붙잡는다면 그의 말동무가 되어, 앞으로 내가 걸어갈 길에 동행 할 수도 있다. 그러나 신경 쓰지 않고 내버려 둔다면, 나그네는 언제 그랬냐는 듯이 다시 짐을 챙기고 자기 갈 길을 간다. 물론, 꼭 모든 새로운 기회를 잡으라는 말은 아님을 말하고 싶다. 정답은 없다. 즉흥적으로 오는 일을 무턱대고 시도했다가 시간과 자원만 낭비하고 원점으로 돌아올 수도 있다. 혹은 너무 많은 것들을 한 번에 하려다 원래 중요했던 일들을 놓칠 수도 있다. 하지만 여기서 강조하고 싶은 것은, 정말 무심코 찾아온 기회가 내 인생에 생각지 못했던 변화를 가져올 수 있다는 것이다. 그 기회를 지혜롭게 분별하고 붙잡아 내 길동무로 삼을지, 혹은 실수로 놓치거나 남남으로 각자의 길을 갈지는 우리 모두가 스스로 결정할 일이다.

나는 즉흥성이 나를 찾는 데 큰 역할을 한다고 믿고 있다.

완벽하지 않다는 점이 우리 인생이 아름다운 이유 중 하나라고 생각한다. 이미 정해 놓은 '나'의 모습을 예상하고 기다리는 것 보다 미래의 내 모습에 대해 열린 결말을 기대하는 거다. 짜릿해. 늘 새로워. 정말 아름답지 않은가? 기계처럼 사는게 아닌, 운명이 이끄는 대로 내게 오는 기회를 잡아서 매 순간 잘 활용한다면, 나는 예상치 못했던 모습으로 변하게 되는 것이다. 그저 두려워하지 않고 열린 마음으로 받아들이기만 하면 된다.

5

긴 생머리 그 '놈'

고등학교 생활이 반쯤 지나가면서부터, 나는 친구들에게 장난삼아 대학생이 되면 머리를 길러 보겠다고 말하고 다니곤 했다. 내가 그럴 때마다 친구들은 안 그래도 못생긴 인물 버리는 짓 하지 말라며 코웃음 치곤 했다. 확실히 그때는 그냥 아무 생각 없이 던진 말장난이었다. 나조차도 진지하게 생각해 본 적이 없었으니까. 하지만 말이 씨가 된다고 하지 않았던가. 그 당시의 나는 대학교 3학년이 된 지금의 내가 긴 머리카락을 어깨까지 늘어뜨리며 다닐 줄은 꿈에도 상상하지 못했을 것이다.

나는 어렸을 때부터 부모님이 말씀하시면 고분고분 따랐던 '말 잘 듣는 학생'이었다. 당연히 파마나 염색은 물론이고 머리를 기를 생각도 해본 적이 없었다. 사실 그게 마음이 편했다. 하지만 시간이 지나면서 내 모습이 내가 아닌 다른 사람들에 의해 만들어진 느낌이 들었다. 늘 같은 내 모습이 지겨웠고, 언젠가는 한번 아예 다른 모습으로 살아 보고 싶었다. 그래서 고등학교 때 그런 말을 하지 않았나 싶다.

고등학교를 졸업하고 대학교에 입학한 후 몇 달 동안은 두발 규정이 사라지니 단순히 귀찮아서 미용실에 머리를 자르러 가지 않았다. 그렇게 앞머리가 눈을 거의 덮어 갈 때쯤이었다. 이제는 결단을 내려야 할 때라고 생각했다. 장난으로 머리를 길러보겠다고 마음속으로만 생각하고 있었지, 실제로 그런 짓을 벌일 각오는 그리 비장하지 않았다. 또, 어렸을 때부터 항상 비슷했던 익숙한 내 모습을 벗어나는 것이 두려웠다. 그렇게 한창 갈등 아닌 갈등을 하고 있었을 때, 문득 '만약 내가 아예 다른 모습으로 변한다면 사람들은 과연 어떤 반응을 보일까?'라는 호기심이 들었다. 또한 살면서 한 번쯤은 머리를 길러 보고 싶기도 했다. 모든 것을 종합적으로 따져 봤을 때, 지금 아니면 다시 기회가 없을 거라는 생각에 한 번 길러 보기로 결심했다.

⋀ 달라진 모습에 사람들이 보인 반응

시간이 지남에 따라 머리가 조금씩 길어지면서, 주위 사람들은 내게 진심으로 머리를 기를 생각이냐고 묻기 시작했다. 부모님도 학창 시절 얌전히 짧은 머리로 지내던 내가 설마 진짜로 머리를 기를 것이라고는 상상하지 못하셨는가 보다. 매번 화상통화 때마다 부쩍 긴 머리를 보시고 적응이 안 되시는지 계속 이젠 자를 때도 되지 않았느냐며 권유하셨다.

친구들도 처음에는 내가 허풍을 떨었던 줄로만 알았는데 진짜로 기르기 시작하니 하나둘씩 말리기 시작했다. 방학 때마다 한국에 돌아가서 오랜만에 지인들을 만날 때도 다들 날 보고 처음 하는 말이 "이야 머리 많이 길었네"일 정도였다.

한편으로는, 그래도 나의 이런 도전 아닌 도전을 응원해주고 멋있다고 말해주는 사람들도 있었다. 하지만, 주위의 시선이 긍정적이건 부정적이건 상관없이, 내가 머리를 기르기로 한 것은 어찌 됐든 일단 '대부분의 남자들이 짧은 머리를 한다'는 일반적인 통념을 벗어난 행동이었다. 특히 우리나라에서는 더 그랬다. 그래서 주위 사람들이 나를 봤을 때, 다른 것보다 눈에 띄는 긴 머리를 먼저 보게 되니 마치 내가 일부러 사람들의 눈길을 끌고 싶어 하는 것처럼 보일까 고민이 되었다.

'대체 어느 쪽이 진짜 나일까? 지금까지 짧은 머리였던 예전의 나 아니면 긴 머리인 지금의 나?'

이런 생각들을 꼬리에 꼬리를 물며 계속 고민해 보다가 결국 하나의 작은 결론에 도달하게 되었다. 곰곰이 생각해 보니, 사람들이 보기에 자연스러워 보여서 내가 환영받거나, 사람들 사이에서 튀어서 내가 배척받는 그런 건 핵심이 아니었다. 모든 결과 이전에 정말로 중요하고 또 변하지 않는 사실은, 짧은 머리였을 때도 나는 나였고, 긴 머리인 지금도 여전히 나는 나라는 것이다. 결국 내가 머리를 기르는 것도 나를 구성하는 한 요소가 되는 것뿐이고, 그것을 사람들이 어떻게 평가하느냐는 '나' 자체의 가치와는 별개의 문제인 것이다.

🔺 인싸와 아싸, 이분법과 유행의 사이

특히 우리나라 사회와 같이 개인의 의지보다 집단의 단합성이 강조되고 그에 따른 유행의 힘이 크게 작용하는 곳에서 독단적으로 눈에 띄거나 다른 행동을 한다는 것은 적잖이 부담스러운 일이다. 또한, 현재 내가 머물고 있는 대만이라는 나라가 모든 해외를 대변하지는 못하겠지만, 최소한 여기에서만큼은 한국 문화의 파급력이 결코 작지 않다고 할 수 있다. 그만큼 한국은 상대적으로 문화나 유행을 선도하는 입장이라고 할 수 있겠다. 이러한 입장에 놓여 있는 우리나라인 만큼 사회의 전반적인 분위기도 상대적으로 유행과 트렌드에 민감해진다. 몇 년 전 드라마 〈도깨비〉에서 주인공 공유 씨와 이동욱 씨가 입은 코트가 전국적인 열풍을 일으킨 적이 있다. 오죽하면 그 이후로 '얼죽코(얼어 죽어도 코트)'라는 신조어가 생길 정도였으니 말이다.

이런 경향은 한편으로는 트렌드를 선도하고 세련된 문화를 만들지만, 또 한편으로는 유행이라는 명목으로 틀에 사람들을 끼워 맞추고, 그 틀에 맞지 않는 사람들을 낙오자 또는 이상한 놈으로 낙인찍고 배척하기도 한다. 근래 유행하는 단어 '인싸'와 '아싸'를 생각해보자. 언제부턴가 대한민국에서는 이 단어가 유행하기 시작하더니 좁게는 학교나 회사 등

작은 커뮤니티에서부터 넓게는 전반적인 사회에서까지 쓰이기 시작했다. 물론 단어 자체만으로는 전혀 문제가 되지 않는다. 하지만 이 단어로 집단 내의 모든 사람을 인싸와 아싸라는 이분법적 잣대로 나누는 문화가 생기는 것이 문제라고 생각한다. 특히 대학교에 와서 또래 사이에 이런 말들을 쓰는 것을 정말 많이 들은 것 같다. 우리 주변에서도 툭하면 누가 핵인싸다, 무엇이 올해의 인싸템이다 하며 사람과 사물에 꼬리표를 붙이곤 한다. 결론부터 말하자면, 나는 개인적으로 인싸와 아싸라는 표현들을 정말로 싫어하는 사람이다. "인싸가 되느니 차라리 아싸로 남겠다"고까지 말하고 다닌다. 일단 이 두 표현 자체가 주위에서 나를 평가한다는 뜻을 내포하고 있기 때문이다.

 물론 정상적인 사회에서 유행은 존재할 수밖에 없고, 그걸 따라가는 흐름 자체를 비판하려는 것은 아니다. 오히려 자연스러운 행동이라고 할 수 있다. 하지만 다수에 속하느냐 혹은 아니냐로 그 사람을 환영받는 사람 혹은 낙오자로 낙인찍고 이러한 기준에 따라 압박을 주는 것은 절대로 바람직한 일이 아닐 것이다. 한 번 양심에 손을 얹고 생각해 보자.
 우리 중 대다수는 사회의 분위기에 압박을 받아 행동한다. 내가 하는 행동들이 남들 사이에서 튈까 걱정해서 다들 엇비슷한 헤어스타일을 하고, 다들 비슷한 스타일의 옷을 입는 것을 선호하게 된다. 물론 정말 좋아서 자기만의 행동을 표현하는 사람도 있겠지만, 또 적지 않은 사람들은 분명 자기만의 기호가 있는데도 낙오되기 싫어서 어쩔 수 없이 따라

가기도 한다. 그럴 때 이런 사람들은 자기가 나타내고 싶어 하는 그들만의 아이덴티티가 외부에 의해 억눌리는 것이 되는 것이다. 더욱 중요한 것은, 이런 사회의 경향이 비단 외모뿐만 아니라, 행동부터 사고방식과 생활 습관까지 모두 영향을 주게 된다는 것이다. 하지만 아이러니하게도, 이렇게 사람들을 인싸와 아싸로 나누는 사회에서 인싸라 불리는 집단을 주도하는 자들은 항상 남들과는 다른 것들을 먼저 시도하는 사람들이다. 참 역설적이지 않은가?

⌃ 겉모습이 바뀌어도 '나'라는 사실은 바뀌지 않는다

요즘 나오는 책이나 노래 가사, 동기 부여 영상 등을 보면, 흔히들 'YOLO(You Only Live Once)'나, '하고 싶은 거 다 해' 혹은 '내 인생은 내가 알아서 할 테니 참견하지 마' 같은 내용의 메시지들을 찾아볼 수 있다. 이런 말들은 모두 지금까지 귀에 못이 박히게 들었을 거다. 나도 안다. 하지만 앵무새처럼 이 말들을 따라하기만 하는 것보다, 그들이 왜 그런 말을 했는지 그 배후에 내포하고 있는 의미를 깊이 생각해 본 적이 있는가?

이 말은 자칫 '딱 한 번뿐인 내 인생인데, 지금만 즐기며 막 살자' 는 뜻으로 해석되기 쉽다. 하지만 내 방식대로 이 말들을 설명해 보자면, '주변 사람이 아니라 나 자신이 나를 판단해야 한다' 라고 해석하겠다. 물론 주위 사람들의 판단도 충분히 중요하고 참고할 만하다. 그러나 결국 내가 나로서 존재 할 수 있는 것은 내가 내 행동과 모습들에 대해 최종적으로 나 자신을 이렇게 나타내기로 결정을 내리기 때문이 아닐까?

앞서 말했듯이, 머리가 길 때나 짧을 때나, '나'라는 본질은 바뀌지 않는다. 머리가 길어도 나는 나고, 짧아도 나는 나다. 결국, 내가 나의 아이덴티티를 만든다. 그리고 나서 사람들이 이에 대해 어떻게 생각하고 평가하는지 겸허히 받아들이면 된다. 하지만 중요한 것은, 사람들의 평가와 시선들을 받아들이고 참고는 하되 그 때문에 나를 사람들이 만든 틀에 끼워 맞출 필요까지는 없다는 것이다. 만일 사람들의 시선과 판단을 내 의견과 결정보다 우선시하여 머리를 기를 시도조차 해 보지 못했다면, 나는 영원히 긴 머리의 모습으로는 세상에 나타날 수 없을 것이다. 물론 꼭 머리를 기를 필요까지는 없었겠지만, 남자라고 해서 짧은 머리로만 평생 살라는 법도 없지 않나요? 나도 어렸을 때부터 사회나 주위의 흐름이 이끄는 대로 고분고분 순응하기만 했었지, 내 목소리를 낸 적은 거의 없었다. 어찌 보면 나는 머리를 기르는 것을 통해 이 문제에 관해서 나 자신에게 극단적인 실험을 한 셈이다.

⋀ 자신에게 솔직해지기

주위 시선이 두려워서 내 모습을 나타내지 못하는 것보다는 처음에는 어색하더라도 내 소신을 끝까지 지켜나가는 것이 결국에는 내면의 소리에 귀 기울이는 것이며, 자신에게 솔직해지는 길이 아닐까 생각해본다. "가슴이 시키는 대로 살아라."라는 말이 있지 않은가. 단순히 머리 스타일 하나뿐만 아니라, 내 사고방식, 가치관, 행동까지도 사회의 다수가 추구하는 대로 앵무새처럼 따라만 가는 것이 아닌, 나의 마음의 소리에 먼저 귀를 기울이며 행동한다는 것이다. 물론 모든 것은 정도가 있으며 선을 벗어나는 것들은 내가 애써 말하지 않더라도 양심의 판단 하에 잘 분별할 것이라 믿는다.

우리 모두는 적정선 안에서 자신만의 아이덴티티를 표현할 수 있는 자유가 있고, 또한 다른 사람들의 이런 모습들을 적정선 안에서 존중해야 할 의무가 있다. 어찌 됐든 결과적으로, 현재까지 나는 내 긴 머리의 모습에 아주 만족하고 있으며, 지금 이 순간을 즐기고 있다. 주위의 시선은 두 번째 문제다. 결국 자신의 모습에 확신이 있으면 같은 모습이라도 사람들이 받는 느낌이 달라진다. 언제나 모든 사람에게 긍정적 평가를 들을 수는 없는 법이니까. 그리고 이것 또한 내 행동이 초래한 결과에 대해 내가 책임을 지는 것이라고 생각한다. 그저 열린 마음으로 받아들이면 된다.

∧ 맺으며

영화 〈토르: 천둥의 신〉에서 힘을 잃고 지구로 떨어져 방황하는 토르에게 누군가 이렇게 말했다.

"자신의 참모습을 찾는 일은 아무것도 모른다는 깨달음에서 출발해."

대학교 1학년 어느 날 밤, 기숙사 방에서 아무 생각 없이 영화를 보다 저 대사를 듣고 머리를 한 대 맞은 것 같은 충격을 받았다. 당초 내가 나를 찾는 것을 목표로 세운 것도 이러한 이유에서라고 느꼈기 때문이다. 지금까지 총 다섯 가지의 주제로 '잃어버린 나를 찾는 것'이라는 내 소명에 접근해 보았다. 앞서 말했던 모든 일을 겪고 나서도, 나는 나를 아직 다 찾지 못한 것 같다. 어쩌면 죽을 때가 되어서야 알 수 있을지도 모르고, 그마저도 미지수다. 그래도 대학교에 처음 발을 디디며 이 목표를 가슴속에 품었을 때의 나와 지금의 나를 비교해 봤을 때, 현저히 많은 것들이 변했고, 분명 적지 않은 경험들을 얻었다.

솔직히 글을 여기까지 쓰고 나서야 새삼 드는 생각이지만, 애초에 나는 어떤 완성된 형태의 나를 찾고 싶었던 게 아니라, 내가 나를 잃어버렸다는 생각이 들었던 때부터 이미 나를 조금은 찾은 것이 아닐까? 알고 보면 나는 항상 여기 있었는데 말이다. 그전까지는 그냥 내가 누군지는 관심없이 그저 시키니까, 주위에서 다 그렇게 하니까 되는 대로 살아온

반면, 나를 잃어버렸다고 느낀 뒤로는 무엇을 하든지 나 자신에게 납득이 가는 이유나 확실한 목표를 가지고 살려고 최대한 노력했다. 그렇다면 지금 최소한 나를 찾아가는 길 위에는 있지 않을까? 데카르트의 명언 "나는 생각한다. 고로 존재한다."가 생각나는 순간이다. 내가 나를 잃어버렸다고 '생각'한 순간 나는 내 '존재'의 발견을 향한 첫 발걸음을 내딛은 것이기 때문이다. 하지만 동시에 이 목표 자체가 완벽히 달성하기 불가능한 것이 아닐까 싶다. 인간은 끊임없이 변화하고 계속 생각하며 살아가는 동물이기에, 나는 죽기 전까지도 계속 바뀔 것이기 때문이다.

과거에 나를 잃어버린 채로 살아왔건 아니건 상관없다. 이미 지나가 버린 죽은 시간이기 때문이다. 다만, 내가 좌우할 수 있는 것은 지금의 내 결정이다. 지금 나는 나를 찾았는가? 혹은 나를 찾으려 노력하는 과정 중에 있는가? 아니면 나를 찾았다고 착각하고 있는가? 모든 것은 당신이 자신의 모습을 결정하는 것이고, 결과도 그에 따라 분명히 바뀔 것이다.

지금까지의 나를 있게 해준 모든 사람에게 감사하다는 말을 이 책을 빌어 전하고 싶고, 그리 특별할 것 없는 내 살아온 이야기를 인내심 있게 읽어 준 독자들에게 고개 숙여 감사를 전한다.

"I open at the close."
" 나는 끝에서 열린다."

박세진

저를 위해 행복해주세요

작가 / 강의인

"나만 행복하면 돼" 과연 그럴까요?

당신, 나, 우리는 연결되어있다고 생각합니다. 저는 중학교 졸업장을 따자마자 캐나다로 이민을 온 만 열아홉살입니다. 심리와 진실에 관심이 많아 다양한 사람들을 만나면서 인생의 의미를 알아가는 중입니다.

우리가 왜 연결되어있는지, 서로 어떤 영향을 끼치는지, 그리고 어떻게 살면 좋을지 풀어나가고자 합니다. 모두 행복과 사랑이 가득하며 진실한 삶을 사시길 바랍니다 ♡

저를 위해 행복해주세요

1

갓 스무살의 캐나다 적응기

만약 당신이 16년을 살던 한국을 하루아침에 떠나야 한다는 말을 듣게 된다면 어떤 반응을 보일 것 같은가. 2016년 초, 부모님의 뜬금없는 제안은 무쌍인 나의 눈을 두 배로 크게 떠지게 했다. 캐나다에 이민을 하는 것에 대해 생각해보라는 것이었다. 그 말을 듣기 몇 초 전까지만 해도 이민이나 유학은 남의 일인 줄 알았는데 나의 이야기가 될 수도 있다는 생각에 몹시 충격을 받았다.

이민할 것인가에 대한 고민은 정말 복잡했다. 생각해보면 외국에서 입시에 시달리지 않고 다양한 사람들을 만나 새로운 경험을 쌓아나가는 것은 인생에 분명 도움이 될 것 같았다. 반면에는 이민을 하더라도 캐나다 영주권을 받을 수 있을 것인가에 대한 답이 너무나도 불투명했고 타지에서 온 가족이 적응할 수 있을 것인지 불안하기도 했다. 몇 달 동안 고민한 끝에 캐나다 이민을 하기로 결론을 내렸다.

나를 죽이지 못하는 고통은 나를 더 강하게 만든다

가족들과 함께 살게 된 곳은 캐나다 브리티시컬럼비아주의 켈로나라는 지역이다. 켈로나는 내 체감으로는 10명 중의 1명 정도가 동양인이고 1명이 흑인종 2명이 히스패닉 그리고 나머지 6명은 백인인 백인이 상당히 많은 곳이다. 그러다 보니 학교에 가도 시내에 나가도 내가 외국인이된 느낌이었다. 이민을 온 직후에는 내가 외국인이 되었다는 사실이 너무 어색했다. 이민을 오기 전에는 한 번도 외국에 나가 본 적이 없었던나였기에 내가 외국인의 입장이 된 게 신기했다. 한편으로는 외국인으로 사는 삶이 어떨지 몰랐기에 살짝 무섭기도 했다.

낯선 환경에서 외부인으로서 모든 것에 적응하는 과정은 힘들었다. 하지만 그 경험을 통해서 더 성장할 수 있었다. 낯선 환경에서 적응해야 할때, 적응하는 과정이 덜 어렵게 느껴지게 되었다. "이민도 해봤는데 이것도 내가 못하겠어?" 하는 생각을 하게 되었다. 심지어 우리의 일상 속에서 외부인이 되는 이들의 입장이 더욱 이해가 잘 가게 되었다.

많이 힘들어 봤으니 다른 사람의 힘듦에 공감도 더 잘하게 되었다. 니체의 "That which does not kill us, makes us stronger"라는 말이 생각이 난다. 나를 죽이지 못하는 것은 나를 더 강하게 만든다는 뜻이다. 과정이 고통스러울지라도 그것을 통해서 성장할 수 있다. 이민을 통해 남을 이해하는 능력을 발전시킬 수 있었음에 감사하다.

2017년 4월 캐나다 고등학교에 전학 가는 첫날, 나는 친구를 사귈 기대는 하지 않고 등교했다. 왕따를 당해도 상관없다는 마음이었다. 그때 당시의 나는 한국 중학교에 다닐 때 있었던 뒷담화, 기 싸움, 누군가를 따돌리는 것, 그리고 사소한 것으로 질리도록 싸우는 일 등등에 질려있었기 때문이다. 나는 '사람에게 기대하면 안 된다'는 생각이 잡혀있었다. 또한, 영어를 배우러 이민한 것이지 친구를 억지로 사귀었다가 싸워서 힘들어하려고 온 것이 아니었기에 단념한 마음으로 학교에 가게 된 부분도 있었다. 그런데 운이 좋았던 것인지 여러 명이 첫날부터 다가와 주어서 금방 친구를 많이 사귈 수 있게 되었다.

케이팝의 영향으로 동양계 친구들이 많이 생기기도 했다. 내가 단순하게 팬으로서 좋아하던 아이돌이 이 타국에서 나에게 이렇게 큰 도움이 될지는 몰랐다. 이를 통해 때로는 내가 생각지도 못한 요소가 나를 도와주기도 한다는 것을 깨닫게 되었다. 이것을 깨닫게 되면서, 인생은 보물찾기와 같다는 생각이 들게 되었다. 삶 속에서 어떤 것이 나에게 보물을 찾기 위한 단서가 되어줄지 모르기에 어떤 것이든지 열린 시선으로 바라보는 것이 중요하다. 또 순간 쓸모가 없어 보일지라도 그것을 바로 판단하여 배제하지 않고 오히려 큰 그림을 그리며 시간을 두고 그것의 가치를 찾는 것이 나에게 도움이 될 것이라고 느껴진다.

쓸모없어 보였던 것이 알고보니 보물이었을 수도 있으니 말이다.

이민을 가면 영어는 어떻게 해야 할까?

당신이 고등학생 때 켈로나와 같은 백인이 밀집되어있는 곳으로 이민이나 유학을 할 예정이라면 이 부분은 알고 가면 좋을 것 같다. 고등학생 때 전학을 하러 가면 본토 캐나다인을 친구로 사귀기는 어렵다는 것을. 물론 꼭 그렇다는 건 아니지만 적어도 내가 보기에는 그렇다.

내가 전학을 하였을 당시에는, 본토인들은 이 동네가 좁아서인지 어릴 때부터 서로 알고 지낸 경우가 많았으며 그만큼 서로 이미 친해져 있었다. 그리고 그들은 초등학교와 중학교를 같이 다닌 상태였기에 이미 그 학교를 나온 학생들은 친한 친구들끼리 무리가 많이 만들어져있었다. 캐나다 고등학교는 한국처럼 반끼리 단합하고 친목 하는 시스템이 아니기에, 같은 반에 배정되어도 그 반 학생들의 절반과는 아예 나눠보지도 못한 채 한 학기를 마칠 확률이 높다. 이런 이유로 내 친구 중, 본토인인 친구의 수는 손가락에 꼽을 정도로 적다.

아마도 초등학교나 중학교를 캐나다에서 나왔더라면 그들과 친해지기 쉬웠을 것이다. 그래도 세계 각국의 이민자들을 ESL(English Second Language: 영어가 제 2 국어인 사람들을 위한 과목)에서 만나게 되면서 다양한 문화와 성격 유형들을 접하게 되었기에 개인적으로는 좋았다. 타국에서 캐나다에 이민 온 친구들은 나의 입장을 본토인들보다 잘 이해하기 때문에 의지가 되어서 든든했다. 공감해주는 사람이 있다는 것은 정말 큰 힘이 되는 것 같다.

영어. 다들 이민을 할 때 영어가 중요하다고 한다. 나는 영어 교사였던 아버지 덕분에 영어로 대화를 많이 해왔고 초등학생 때는 학교에서 영어 실력으로 높은 경쟁률(?)을 뚫고 주인공 역할을 맡아 영어로 연극을 할 정도로 영어를 자주 접해왔다. 중학교 영어시험에서는 별 노력 없이 90점 이상 받아왔다. 이런 나이기에 캐나다에서 영어는 큰 문제가 되지 않으리라 생각했다. 그러나 영어만 온종일 쓴다는 것은 생각보다 아주 힘든 일이었다.

영어가 모국어가 아니다 보니까 영어로 말하기 전에 한국어로 먼저 생각한 다음에 머릿속에서 영어로 번역을 하는 과정을 거쳐야 했다. 그래서 굉장히 기가 빨렸고 대화하는 상대방에게 내가 말을 못 하는 이미지를 주는 것이 싫어서 자신감이 조금 하락하기도 했다.

한국에서는 내가 영어를 잘하는 편이었는데 여기에 오니까 그냥 말이 느린 사람이었다. 정신을 붙잡고 열심히 영어단어 외우기와 스피킹 연습을 했고 최대한 원어민들과 학교 점심시간에 이야기를 많이 나누었다. 말이 느린 나와 대화를 해야 하는 친구들에게 미안했는데 친구들이 너무나도 나를 잘 이해해주고 옆에서 챙겨주고 도와준 덕분에 몇 달 후에는 일상대화는 제법 할 수 있는 수준이 되었다.

영어는 아르바이트를 하면서 가장 많이 늘게 된 것 같다. 첫 아르바이트는 2019년에 Value Village 라는 상당히 큰 중고 가게에서 하였다. 그곳에서 같이 일하는 직원들은 모두 원어민이었다. 그들과 일을 하며 대화를 하다 보니 자연스럽게 원어민 말투가 입에 붙게 되었다. 한국어 악센트가 많이 사라지게 된 것이다(내 한국어 악센트를 진심으로 좋아했던 몇 명의 친구들은 이 사실에 아쉬워했다). 또한, 그곳의 손님들은 굉장히 수다 떠는 것을 좋아하기에 일하는 날에는 다양한 연령층의 캐나다인들과 대화를 많이 나누게 되어서 영어가 많이 늘 수 있었다.

우리는 서로가 서로를 충분히 이해할 수 있다

영어는 자신감이라는 말이 있다. 그리고 그 말은 정말 맞는 말이라고 생각한다. 영어를 못한다는 사실에 의기소침해져서 말수가 줄어들기가 쉬운데 그럴수록 무슨 말이라도 뱉어내야 한다. 나는 아르바이트를 할 때 손님들이 나에게 말을 걸어올 때면 심장이 바들바들 떨렸었다. 그들이 말하는 내용의 절반을 못 알아들었으니까. 그래도 포기하지 않고, 못 알아들을 때마다 손님에게 한 번만 더 말씀해달라고 했다. 손님의 표정과 말투를 보면서 대화를 이어나가려고 정말 노력했다. 자꾸 대화를 시도해나가다 보니 어느새 대부분의 손님과 대화를 편하게 할 수 있는 수준이 되었다. 그런데 대화가 편해진 후 느낀 것이 있다.

아르바이트 초반에 내가 영어를 못해서 소통이 잘 안 되었지만, 소통이 잘 안 된 또 다른 이유가 있었다. 바로 그들과 나의 사고방식이 다른 점이다. 같은 것을 보아도 캐나다인들은 한국인들과 다르게 생각을 한다. 뼛속까지 한국인인 나는 캐나다인 손님들이 그들 특유의 감성이 담긴 말을 나에게 해올 때면 전혀 공감도 안 되고, 말하는 내용도 이해가 안 가서 그냥 하하 하면서 웃어넘기기 일쑤였다. 그들의 감성은 아직도 잘 파악하지 못한다. 같은 사람인데 다른 환경에서 자랐다고 이렇게 사상이 다른 게 신기하다. 손님들의 말에 공감을 잘하지 못하는 것이 참 아쉽지만, 인류애가 많은 나는 그들과 좋은 관계를 유지하고 싶기 때문에 그들에게 늘 진심으로 좋게 대하고 최대한 그들의 기분을 좋아지게 하려고 노력한다. 그럴 때면 상대방은 대부분 따뜻한 미소로 고맙다고 한다. 생각해보면 한국 내에서도 우리는 각자 다른 환경에서 살아간다. 그러기에 다른 생각의 방식을 가지고 있을 수밖에 없다.

서로 다른 사고방식을 가졌으니 서로 이해가 안 가는 상황이 너무나도 자주 생길 수밖에 없고 다툼이 일어나기도 쉬운 것 같다. 나는 이런 상황에서 이제는 상대방이 이해가 안 가더라도 그 입장을 최대한 이해하려고 노력하며 늘 진심으로 대해줄 것이다.

이민하면서 느끼고 배운 것들이 정말 많다. 이민과 같은 새로운 것에 도전하면 삶에 유익한 깨달음을 얻게 되니 좋다. 삶은 새로운 일들로 넘쳐난다. 새로운 것을 마냥 무서워만 하지 말고 그것을 통해 어떤 것을 배우게 될지 기대한다면 인생이 한층 즐거워질 듯하다. 열린 마음으로 모든 것을 바라보면서 인생의 보물을 찾아 나가자. 앞으로 나와 같은 시대를 살아가는 사람들이 어떤 귀한 깨달음을 얻어서 나에게 알려줄지, 또 내가 어떤 것을 깨닫게 되어 그것으로 세상에 도움을 줄 수 있게 될지 몹시 기대된다.

2

캐나다랑 한국 중에
어디가 더 좋아?

캐나다 이민 후, "한국에서 사는 게 좋아, 캐나다에서 사는 게 좋아?"라는 질문을 자주 받는다. 내게 그 질문은 마치 "엄마가 좋아, 아빠가 좋아?"와 같이 느껴진다. 그래서 나는 "둘 다 장단점이 있어서 못 고르겠어"라고 대답한다. 캐나다와 한국은 각각 개성이 뚜렷하다. 이쯤 되면 어떤 장단점이 있는지 궁금하실 테니, 내가 느낀 캐나다의 장점에 대해서 솔직하게 얘기해 보겠다.

서로를 치유하는 친절

첫 번째 장점은 친절한 분위기이다. 서로의 기분을 상하게 하고 싶지 않아 하는 캐나다인들은 낯선 이에게 상냥하다. 남의 기분에 공감도 잘

한다. 아침 산책하러 나가면 길에서 만나는 캐나다인들은 나에게 짧게라도 웃음과 함께 인사를 건넨다. 이민한 지 얼마 안 되었을 때는 그런 문화가 적응이 잘 안 되었었다. 하지만 세상 모든 사람이 내 친구가 된 것만 같은 포근한 느낌이 들어서 좋았다.

알바를 시작한 지 얼마 안 되었을 때 손님에게 실수를 많이 했었다. 내가 생각해도 손님으로서는 아주 답답했을 것 같다. 그런데 캐나다인들은 오히려 자신이 알바 첫날에 했던 실수를 얘기해주면서 나에게 공감해주거나 내 입장을 이해한다며 '오늘 많이 배우겠네?' 하면서 격려해주었다. 캐나다인들은 칭찬이 자연스럽다. 상대방의 장점을 찾아내서 칭찬을 많이 하는 분위기이다. 처음에는 이런 분위기가 너무 어색했었는데 금방 적응이 되어 나도 다른 사람들에게 칭찬을 많이 하게 되었다.

나부터 남에게 좋은 주변 사람이 되어주기

친절하고 상대방을 이해하는 분위기에서 사는 사람들은 아무래도 그런 분위기에서 살지 않는 사람들보다는 더 많이 웃게 된다. 미국 캔자스 대학의 크래프트 교수의 연구 결과에 따르면, 사람은 웃는 표정을 짓기만 해도 스트레스가 빨리 해소된다고 한다. 웃는 척만 해도 기분이 나아진다는데, 서로 칭찬하고 이해를 해주면 모두가 더 건강한 삶을 살 수 있게 된다. 실제로 나는 캐나다에 와서 많이 치유되었다. 사람은 환경의 영향을 많이 받는 동물이다. 장점은 알아주고 실수에는 격려하는 환경은 누구에게나 도움이 된다. 그리고 낯선 이와 친하게 얘기할 수 있는 세상에 산다면 그만큼 웃을 일이 많이 생기게 될 것이다. 그러면 내 웃음으로 인해 분위기가 밝아지게 된다. 나 또한 다른 사람에게 영향을 끼친다. 나도 다른 사람에게는 주변 인물 중 한 명이기 때문이다. 나부터 친절하게 다른 사람을 대하고 칭찬과 격려를 아끼지 않아야 점점 다른 사람들의 정신도 건강해질 것이다. 나부터 시작하자.

존중이 주는 선물, 자유를 찾다

캐나다의 가장 큰 장점은 '존중'이다. 나는 한국에 살 때 패션 유행을 따르는 것에 신경을 많이 썼다. 한국은 겉으로 드러나는 것이 중요한 나라라서 유행이 지난 옷을 입으면 무시를 받을 수도 있었기 때문이다. 비슷한 맥락으로 나온 지 1년이 넘은 휴대폰을 쓰는 사람에게 "너 핸드폰 썩었다"라면서 놀리는 사람들이 많았던 거로 기억한다. 이와 같이 한국에서는 조금이라도 보편적인 길을 걷지 않으면 그 사람을 이상한 사람으로 보는 경향이 있다.

나는 한국의 '표준적인 것에 맞춰 가는 것이 정상이다.'라는 것에 너무 적응되어있었다. 그래서 내가 원하는 옷을 입기보다는 유행에 맞는 옷을 입었다. 무시당하지 않기 위해서 점차 옷을 트렌디하게만 입게 되었고 결국 내가 좋아하는 옷 스타일이 무엇이었는지 조차도 기억하지 못하게 되었다. 내 개성을 잃어버린 것이다. 그러던 나는 캐나다에 오고 나서 나를 찾게 되었다.

캐나다는 자기가 원하는 것을 하는 게 당연한 곳이다. 어떤 것을 입어도 옷차림 때문에 사람을 무시하지 않는다. 모두 자기가 입고 싶은 것을 입는다. 3년 전에 나온 휴대폰을 써도 그게 이상한 것으로 판단되지 않는다. 형광색으로 염색을 하든, 혼자 밥을 먹든, 고등학교를 자퇴하고 막노동을 하든, 공부를 일절 하지 않고 축구만 하든 어떤 것을 해도 별났다고 뭐라 하지 않는다.

"남이 잘되든 못되든 내 일이 아니면 신경 안 써^^"라며 남에게 무관심해서 그럴 수도 있지만, 그보다는 "우리는 각자 하고 싶은 대로 살 권리가 있다"라는 이유로 상대방을 존중하고 이해하는 사람들이 대부분이다. 이러한 분위기 덕분에 캐나다에 온 후로부터는 내가 하고 싶은 것은 마음껏 하고 입고 싶은 것도 자유롭게 입게 된 것 같다.

존중이 당신에게 끼치는 영향

우리 사회에 있어서 존중이란 '있으면 좋은 것'이 아니라 '없으면 안되는 것'이다. 개인의 개성이 존중받지 못하면 존중받지 못한 그 개인은 자연스럽게 사회가 원하는 기준에 자신을 맞추려고 하게 된다. 하지만 자기 개성을 억눌러가며 사회적 기준에 끼워 맞추는 게 과연 나 자신에게 좋을까? 예를 들어보겠다. 특정한 외모만을 찬양하고 그 외모와 다르면 못생겼다고 불이익을 주는 사회에서 살아가는 이들은 자연스럽게 성형을 하게 될 것이다. 그런데 소비자원에 따르면, 2018년에는 성형수술 유형별 68%의 확률로 부작용이 생겼다고 한다. 10명 중 7명꼴이다. 그리고 부작용이 생긴 후에 우울증이나 대인기피증에 걸리는 사람이 많다. 성형한 사람들이 모인 카페에서 정신병에 걸린 사례를 흔히 찾아볼 수 있다. 그래도 성형을 해서 예뻐지기라도 하면 좋을 텐데 인간의 얼굴은 정말 다양하므로 성형해도 미의 기준에 맞추기란 쉽지가 않다.

 그러니 미의 기준에 맞지 않는 사람들은 자기 자신을 원망하게 되고 자존감도 하락하게 된다. 이러한 '못생긴' 개인이 모여 형성된 단체는 곧 자존감이 낮은 사람들로 가득한 사회를 이루게 된다. 이렇게 정신적으로 건강하지 않은 사회의 장래가 과연 밝을 수 있을까? 예시가 극단적으로 느껴질 수도 있겠지만 존중은 그만큼 큰 영향을 끼칠 수 있다는 걸 말해주고 싶다.

 결론적으로 말하자면 캐나다가 가진 상대방을 존중하는 문화를 배워야 한다고 생각한다. 세상에는 성격이 같은 사람이 한 명도 없다. 모두 자신만의 개성이 있다. 그러나 세상이 미디어를 통해서 강요하는 "이상적인" 모습은 너무나도 한정적이다. 그러니 당연히 그 기준에 딱 맞아 들어가기란 어려울 수밖에 없다. 그러니 자기가 어떤 사람인지를 파악하고 받아들이자. "이상적인" 모습과 어긋난다고 해서 자신을 부정하지 말고 인정하자.

 자신의 개성을 자기 자신이 먼저 존중을 해준 다음, 마찬가지로 서로의 개성을 존중해주었을 때 비로소 각자의 개성을 살릴 수 있게 된다. 그다음에 자신의 타고난 개성을 살리게 된다면 자연스럽게 그런 개인이 모인 사회도 발전하게 된다. 자기가 못하는 걸 억지로 하는 사람들이 모인 사회와 자신이 타고나고 좋아하는 것을 하는 사람들이 모인 사회를 상상으로 비교해보라. 답이 나오지 않는가.

존중이 답이다.

타국에서 얻게 된 소중한 시간

캐나다가 좋은 이유는 자신이 좋아하는 것을 해볼 기회가 생기는 곳이기 때문이다. 캐나다는 한국보다 열심히 일하지 않아도 먹고 살 정도로는 돈을 벌 수 있다. 그래서 취업에 대한 걱정이 덜 든다. 돈에 대해서 걱정을 안 해도 되니까 내가 하고 싶은 것에 도전해볼 기회가 생겼다. 그리고 캐나다 학교는 한국보다 다양한 과목과 동아리를 제공한다. 그래서 내가 관심 있는 분야를 체험해볼 수 있었다.

또한 나를 위해 투자할 시간을 얻게 되었다. 캐나다 고등학교는 한국보다 느슨하다. 학교 공부를 한 후에도 자유시간이 꽤 남는다. 게다가 내가 사는 지역은 한국보다 놀 곳이 별로 없다. 속세를 떠난 느낌이다. 놀지 않고 집이나 자연 속에서 있게 되니까 자연스럽게 생각을 할 시간이 생겼다. 이렇게 얻은 시간을 통해 나 자신을 되돌아볼 수 있게 되었다.

나는 초등학생 때부터 한국을 떠날 때까지 나의 적성을 찾고 싶어 했다. 그러나 늘 시험을 위한 공부에 시간이 다 뺏겼었다. 심지어 학교에서는 여러 과목을 가르쳐주기보다는 입시를 위해 필요한 과목 위주로 가르쳤고 캐나다보다 과목이 다양하지 않았다. 이를 통해, 자신의 발전을 위해서는 자신에게 집중할 시간과 속해있는 환경이 중요하다는 것을 다시금 깨닫게 되었다. 이민 후, 나를 위한 투자를 하게 되어서 다행이다.

돈이 먼저일까, 꿈이 먼저일까?

내가 한국에서 내 꿈을 찾지 못한 이유는 여러 가지가 있다. 그중에서도 돈 걱정이 가장 큰 방해요소 중 하나였다. 한국에서는 '돈을 잘 벌어야 한다'에 초점을 두게 되었기 때문이다. 미국의 행복을 연구하는 에드디너는 한국은 지나친 집단주의라고 말했다. 그런 한국에서 살다 보니, 자연스레 나 자신에게 귀를 기울이기보다는 집단이 원하는 것에 매달렸었다. 집단의 일원으로서 집단으로부터 인정을 받아야지만 안정감이 들어서였다.

개인주의인 캐나다에 이민을 오고 나서야 나에게 집중을 할 수 있게 되었다. 독립적인 개인으로 존중을 받게 되었기 때문이다. 그래서 이민 후, '내가 진정 원하는 것은 무엇인지'에 대해서 생각을 해보게 되었다. "경제적으로 풍족할 때 행복할까? 아니면 돈이 부족하더라도 좋아하는 일을 할 때 행복할까?"라는 고민을 할 수 있게 되었다.

아르바이트하면서 굉장히 오랫동안 고민을 한 결과, 나는 내가 좋아하는 것을 해나갈 때 행복할 것 같다고 결론을 내렸다. 아르바이트를 종일 일주일에 다섯 번씩 해보니 정말 내 인생이 낭비되는 느낌이 들었기 때문이다.

나중에 결혼하게 된다면 생각이 바뀔 수도 있다. 젊을 때 돈을 더 많이 벌지 못한 것에 대해서 후회하게 될 수도 있다. 미래에 생길 자녀를 생각하면 아직도 고민이 되기도 한다. 하지만 내가 원하는 걸 했다는 것에 대한 후회는 확실히 들지 않을 것이다. 내가 원하는 것을 해야만 얻을 수 있는 보람과 지혜가 있으니 말이다.

큰 그림 그리기

인생은 단 한 번뿐이다. 돈뿐만 아니라 어떤 것에든지 너무 매이지 마시길 바란다. 그리고 자기 생각을 차근차근 짚어보면 좋겠다. 자신이 생각하던 '행복'이 알고 보니 남들의 오지랖으로 인해 만들어진 것일 수도 있기 때문이다.

살다가 가끔은 한 발짝 물러서서 자신을 바라보시라. 인생의 큰 그림을 그리며 '내가 진정 원하는 것이 무엇인지' 그리고 '자신이 어떻게 살아야 후회가 없을지' 생각해보는 것을 추천한다. 돈의 가치가 무거운 세상에서 돈이 부족해도 좋아하는 일을 하겠다는 선택을 내리는 것은 어려운 일이다. 그리고 이 선택이 무조건 답이라는 것도 아니다. 모든 것에는 장단점이 있기 때문이다. 그래서 무엇이든지 당신이 진정으로 원하는 것을 선택하길 바란다. 당신이 어떤 선택을 내리느냐에 상관없이, 선택한 길을 걷는 과정 중에서 그대만이 얻을 수 있는 깨달음이 있으리라 믿는다.

다만 더 나은 길이 있을 수도 있으니 나무만 보지 말고 숲을 봐주길 바란다.

3

외국에서 고국을
다시 바라보다

한국은 어떤 나라인가? 라는 질문을 하면, 한국인들은 '헬조선(지옥 같은 한국이라는 뜻)'이라며 장점보다는 단점을 많이 늘어놓는다. 나도 한국에서 살 때는 한국의 단점밖에 안 보였기 때문에 충분히 이해가 간다. 그러나 생각해보면 단점은 어느 나라에든 있다. 장점은 발전시키고 단점은 고치면 된다. 캐나다에 이민을 온 후, 전에는 몰랐던 한국의 장점을 발견하게 되면서 한국을 좋은 나라라고 생각하게 되었다.

열심히 사는 한국인들

내가 생각하는 한국의 장점 중 하나는 바로 '거의 모든 국민이 열심히 삶으로써 삶을 알차게 살아가는 것'이다. 왜냐하면, 열심히 사는 사람들이 가득한 한국에서 살면 그들의 영향을 받아서 나까지 열심히 살게 되기 때문이다. 물론 지나치게 열심히 살면 안 좋지만, 적당히 열심히 사는 것은 정말 좋다. 한국의 좋은 치안, 문화, 기술의 발전은 모두 열심히 사는 것에서 비롯되기 때문이다. 그리고 열심히 사는 것은 자기 자신을 이롭게 한다.

한국인들은 자신의 목표를 세운 후, 그 목표를 이루고자 있는 힘껏 실천한다. 자신의 목표를 위해서 초등학생 때부터 선행학습을 하고 중학생 때부터 밤을 새우면서까지 공부한다. 한국인들은 어릴 때부터 열심히 하는 습관을 만든다. 어릴 때 만든 습관은 성인이 되어서도 잘 없어지지 않는다. 어릴 때부터 만들어온 열심히 하는 습관은 인생을 살아갈 때 큰 도움이 된다. 어떤 목표든 잘 이룰 수 있도록. 그 목표를 이루어나가는 과정에서 많은 걸 깨닫게 되는 것은 덤이다.

한국을 떠나보니 깨닫게 된 열심히 사는 것의 소중함

캐나다에서 살아보니 한국인들이 얼마나 열심히 사는지 체감이 되었다. 켈로나라는 지역에서 살면서 나는 속세를 떠난 듯한 느낌이었다. 아무리 자연을 사랑하는 캐나다인들이라지만 자연환경 외에는 한국보다 놀 곳이 없어서 심심했다.

캐나다 옷들은 한국보다 조금 비싼 편이다. 그런데 한국에서는 흔하게 볼 수 있는 트렌디한 옷들이 캐나다에는 별로 없었다. 한국에서 늘 하던 고민은 사고 싶은 옷은 너무 많은데 돈은 한정적이라는 것이었는데, 캐나다에서는 돈이 있어도 사고 싶은 옷이 없어서 아쉬웠다. 아마 그만큼 패션 문화가 발전된 한국에서 살다가 캐나다로 와서 그런 것 같다. 실제로 CEOWORLD라는 잡지의 조사에 따르면, 세계에서 가장 패셔너블한 20 국가 중에 한국이 있다고 한다.

한국 화장품은 'K-beauty'라는 이름으로 캐나다에서 팔린다. 한국 화장품이 외국에서도 인정을 받은 건지, 캐나다에서도 한국 뷰티 코너는 쉽게 찾을 수 있다. 그래서 캐나다에서 한국 화장품을 발견할 때마다 뿌듯하다. 한국인들이 열심히 살지 않았더라면 이 모든 것은 불가능했을 것으로 생각한다.

열심히 사는 사람들의 세상

2019년 여름, 한국에서 여름 방학을 보내러 갔을 때 한국 공항에 들어서자마자 갑자기 삶에 활력의 빛이 비치는 듯한 느낌이 들었다. 한국인들의 강한 에너지가 나를 감쌌다. 한국에 도착한 다음 날, 밖에 나가니 자신의 목표를 향해 바삐 걸어가는 사람들을 볼 수 있었다.

눈은 마음의 거울이라던데 그 사람들의 눈에서 힘이 느껴졌다. 나까지 열심히 살고 싶게 하는 눈빛이었다. 그리고 한국은 눈에 보이는 모든 게 발달하여 있었다. 더운 날씨에 버스를 기다릴 때 버스 정류장에서 에어컨이 나오는 걸 보고 진심으로 감탄했다. 한국에 파는 음식들은 전부 다 맛있었다. 캐나다는 큰 도시인 밴쿠버에도 교통카드라는 게 존재하지 않았다. 한국에 와서 교통카드를 써보니 잊고 있었던 교통 카드의 편리함을 다시 느끼게 되었다. 한국에서 두 달 동안 지내면서 생각한 것은 '이런 한국에 여행 왔을 때 안 반할 사람이 없겠다'였다. 한국에서 느낄 수 있는 편리함, 즐거움, 활기참은 모두 한국인들이 열심히 살아왔기에 가능한 것이다. 정말 자랑스럽다.

인간이 느낄 수 있는 가장 강한 쾌감

열심히 살고자 하는 의지가 중요한 이유에 대해 내가 느끼는 것을 얘기해보겠다. 열심히 살고자 하는 의지가 없는 사람은 그저 흘러가는 대로, 별생각 없이 매일 비슷한 삶을 살게 될 것 같다. 사람이라면 누구나 행복해지고 싶어 한다. 사람은 쾌감을 느낄 때 행복하다고 생각한다. 그러나 사람이 느낄 수 있는 가장 강한 쾌감 중 대표적인 하나인 '성취감'은 열심히 살지 않으면 느낄 수가 없다.

그러니 아무 계획 없이 무기력하게 사는 사람들은 강한 쾌감을 느끼고자 마약이나 도박과 같은 것을 찾게 될 수도 있다. 실제로 JournyPure 라는 테니시의 중독 치료센터에 따르면, 사람들이 마약을 하는 가장 큰 3가지의 원인 중에 감정적인 원인이 있다고 한다. 삶의 공백을 메우기 위해 약이 필요하다고 느껴서 마약을 많이 하게 된다고 한다. 마약과 도박은 순간적으로 강한 쾌감을 느끼게 해주긴 하지만 부작용이 심하여 결국 정신을 망가트리기 쉽다. 정신이 망가진 사람들은 그 정신에 따른 행동을 한다. 다른 사람에게 육체적인 피해를 줄 수 있는 행동을 하기도 한다. 남에게 피해를 주면 결국 자신에게 안 좋은 영향으로 돌아온다. 반대로 열심히 사는 사람은 자기를 발전시킴으로 성취감을 느끼기 때문에 행복과 개인 능력의 발전이라는 두 마리의 토끼를 잡는다.

열심히 살면서 자기를 발전시키며 행복하게 살아보자! :)

 세계에서 인정받는 한국 문화랑 기술, 누가 발전시켰을까?

요즘 한국에서 '~처럼 대충 살자'라는 말이 유행한다. 지나치게 열심히 살다 보니까 지치고, 일이 마음대로 풀리지 않으니 스트레스를 받아서 '대충 살자'라는 말로 잠시나마 부담을 더는 듯해 보인다. 하지만 뭐든지 지나치게 하면 탈이 나게 되어있다. 그리고 최선을 다해 열심히 했는데도 일이 잘 풀리지 않는다면 다른 곳에 문제가 있는 것이지, 열심히 하는 당신의 태도에 문제가 있는 건 아니다.

한국의 문화와 기술은 세계에서도 인정받는다. 그것은 한국인 한명 한명이 열심히 살아주어 이루어낸 결과이다. 그러나 한국인들은 자신이 얼마나 열심히 살고 있는지, 그리고 얼마나 멋있는 결과를 이루어내고 있는지 잘 자각을 못 하는 것 같다. 한국인은 대부분 열심히 산다. 그러다 보니 자기 주변에 자기보다 열심히 사는 사람이 많다. 그런 사람들과 비교를 하면 자기가 게으르다고 생각하기 쉬운데, 자기 자신을 남에게 비교하기보다는 자신에게 집중해서 자신의 목표를 이루어나가면 좋겠다.

그리고 열심히 하는 것은 좋지만 종종 무리해서 자신을 혹사하는 사람이 있다. 열심히 사는 것의 목적은 자기 자신을 위해서인데, 무리해버리면 자기 자신에게 오히려 피해가 된다. 그러니 계산을 잘해서, 자신에 맞게 건강히 살아주면 좋을 것 같다.

결론적으로 한국은 열심히 사는 사람들이 가득하므로 좋은 나라이다. IT, 음식 문화, 편리한 대중교통 문화 등등 각종 것들의 발전은 열심히 사는 것으로부터 시작되기 때문이다. 자신의 발전과 성취감도 열심히 사는 의지에서 온다. 이렇게 좋은 습관을 지닌 한국인들과 살다 보면 나도 모르게 전보다 열심히 사는 나를 발견하게 된다. 모두 열심히 살아가는 사회적 분위기를 만들어준 한국인들에게 진심으로 감사하다.

4

나를 죽지 않게 하는 것

나는 항상 행복해지고 싶다. 당신도 그럴 것이다. 알다시피 인간은 환경의 영향을 많이 받는다. 그래서 나도 어느 나라에 살아야 더 행복할지 고민을 많이 해왔다. 캐나다와 한국 두 나라에서 살아보니 둘 다 장단점이 있었다. 그래서 어느 장점이 나의 행복에 더욱 도움이 될지 생각했다. 그러나 나는 중요한 것을 빼먹고 있었다.

내가 아무리 행복해봤자 죽으면 내 행복은 끝이 난다는 것이다. 그래서 나를 해칠만한 사람들에 대해서 생각을 해보았다. 나는 내 인생 목표도 세우게 되었다. 그리고 그 목표는 지금까지 나에게 든든한 버팀목이 되어주고 있다.

나만 잘해서는 안 되는 인생

　나만 행복했을 때 잘 살 수 있을지 생각해 보았다. 아니었다. 내가 아무리 행복해봤자 나만 행복하면 삶에 불만 많은 사람이 나를 가로막을 수도 있지 않을까? 예를 들면, 여자친구랑 헤어진 화가 난 사람이 나를 자신의 여자친구와 닮았다는 이유로 죽일 수 있다. 이것은 마치 운전과 같다. 운전할 때, 나만 조심한다고 차 사고가 예방되는 게 아니다. 다른 사람이 술을 마시고 나를 치면 끝이다. 그렇다. 세상은 나 혼자 살아가는 것이 아니다. 내가 아무리 행복하려고 노력해봤자 주변이 나를 해치면 행복해지기가 어려울 것 같다. 그러면 어떻게 해야 내 주변의 사람들이 나를 해치지 않을까.

　일단 나는 어떤 사람들이 나에게 안 좋은 영향을 끼칠 것 같은지 생각을 해보았다. 일단 그 사람들을 두 그룹으로 나누어보았다. 육체적인 피해를 주는 사람과 정신적인 피해를 주는 사람. 육체적으로는 성범죄자, 강도, 살인마, 등이 내 육신을 없앰으로 인해 내 인생을 방해할 것 같다. 정신적으로는 누구나 나에게 안 좋은 행동을 하므로 인해 안 좋은 영향을 끼칠 수 있다.

　잘못된 정보를 퍼뜨려서 진실을 가리는 사람, 무조건 남을 비하하는 사람, 등등 악한 영향을 끼치는 사람들은 어디에서나 쉽게 찾아볼 수 있다. 이 두 그룹의 공통점이 있다. 바로 그들의 심리가 안정적이지 못하다는 것이다. 그들은 불안함, 애정 결핍, 우울, 분노, 원망 등과 같은 심리가 있다. 그리고 생각이 비뚤어지거나 감정을 제어하지 못하기도 한다.

기술의 발전보다 심리치료가 더 중요하다고 생각하게 된 이유

인간의 심리는 한 번에 만들어지는 게 아니다. 물론 타고나는 성향도 있지만, 후천적으로 만들어진 성격은 평생 자신의 행동에 영향을 끼친다. 보통은 어릴 때부터 부모나 주변의 영향을 받아서 후천적인 성격이 만들어지기 시작한다. 부모와 주변 사람들의 심리가 안정적이지 못하다면 그대로 그 영향을 받아 아이도 불안정한 심리를 가지게 되는 것이다. 그런데 이 불안정한 사람이 자식을 낳고 또 그 자식이 자식을 낳는 '악순환'이 계속되면 결국 이 세상은 육체적/정신적으로 피해를 주는 사람들로 넘쳐나게 된다. 그러면 결국 건강하지 못한 세상이 만들어진다. 그런 세상의 기술이 발전해도 마냥 좋지만은 않을 것이다. 더 좋은 기술을 악용해서 남을 해칠 사람이 생기기 때문이다.

당신과 나는 연결되어있다

'나비효과'라는 말이 있다. 어느 한 곳에서 일어난 작은 나비의 날갯짓이 태풍을 일으킬 수 있다는 이론이다. 작은 변화가 큰 영향을 끼칠 수 있다고 해석할 수 있다. 어떤 사람의 심리가 불안정할 때, 나비와 같이 작은 개인이라고 무시하면 안 된다. 점점 주변에 영향을 끼쳐나가, 나중에는 세계적인 혼란을 일으킬 수도 있기 때문이다. 우리는 서로 영향을 끼친다. 우리는 서로 연결되어있다. 그러므로 나는 모든 사람의 심리가 치유되어야 한다고 생각한다. 모두가 행복해야 내 행복도 유지된다고 생각한다.

 나는 앞서 말한 '악순환'을 멈추고 싶다. 더 이상의 심리적으로 고통받는 사람들이 생기지 않았으면 한다. 그래서 나는 심리를 연구하겠다고 결심했다. 끊임없이 인간의 심리를 연구해서 모든 사람에게 도움이 되고 싶다. 물론 나 하나만으로 이 세상이 변화되리라 생각하지는 않는다. 그러나 내가 이 세상에 조금이라도 도움이 될 수 있다면 그것만으로도 만족 될 것 같다. 내 행복과 내가 사랑하는 사람들의 행복을 지키기 위해서 세상 모든 사람의 심리를 치료해보고자 노력하기로 했다.

 이것이 나의 목표다.

 ## 목표를 세우니까 존재할 이유가 생겼다

 나는 저 결론을 내리기까지 매우 힘들었다. 여기서는 말 못 할 힘든 일이 많았다. 너무 힘들어서 다 그만두고 싶었다. 그래도 내가 죽으면 슬퍼할 사람들에게 미안해서 죽고 싶지 않았다. 죽지 않기 위해 인생을 계속 살아가야 할 이유를 계속 찾았다. 존재할 이유가 없는데 살아있기에는 현실이 너무 버거웠기 때문이다. 늘 '왜 살지'라고 하며 늘 우울해했고, 툭하면 현실을 외면하고자 온종일 잠만 잤었다. 그랬던 나에게 생긴 목표는 내게 살아있을 이유가 되어주었다. 인생의 목표를 찾고 난 후로부터는 삶이 180도 달라졌다. 어떤 어려움을 겪어도 죽고 싶다는 생각이 더는 들지 않았다. 목표를 이루기 위해 할 일이 너무 많이 생겨서 잠을 잘 시간이 오히려 부족하게 되었다. 잠자리에 들 때는 '내일은 내 목표를 위해 어떤 걸 할까?'라고 생각하며 기분 좋게 잠자리에 들게 되었다. 목적이 있는 삶이 얼마나 좋은지 알게 되었다.

자유롭게 자기가 원하는 것을 하면서 의식주가 보장되는 세상은 아직 오지 않았다. 그러므로 당신도 살면서 어려움을 많이 겪어왔을 것이다. 거센 파도가 넘실대는 세상에서 당신을 끝까지 항해하게끔 하는 목표가 있는가? 인생의 목표가 생기면 파도를 마주할 힘이 날 것이다. 더 나아가 그 파도를 즐기게 될 것이다. 인생이 즐거워지는 것이다. 그러니 당신을 나아가게 할 목표를 꼭 찾길 바란다.

5

당신! 꼭 행복해주세요.
저를 위해

지금까지 이민을 통해 느낀 점들을 적어보았다. 아직 18년밖에 안 살
아본 나이기에 부족한 부분도 있었을 것이다.

사실 나는 내 의견을 다른 사람에게 말하는 것을 어려워한다. 왜냐하
면, 나 스스로는 인생의 답을 모른다고 생각하기 때문이다. 그래도 '내
가 쓴 글로 인해 누군가가 인생의 답을 알아갈 때 조금이라도 도움이 되
면 좋겠다'라는 생각으로 이 글을 쓰게 되었다. 인생의 의미를 알아가
기 위해서는 부족한 생각이라도 공유하며 서로 도와야 한다고 생각하
기 때문이다.

그래서 내가 공유하고 싶은 마지막 5가지 메시지를 이야기하며 글을
마무리하려 한다.

첫째, 꼭 알아야 하는 진실

나는 진실을 알아가는 것이 인생에서 가장 중요한 것 중 하나라고 생각한다. 캐나다에 살면서 나의 가치관은 여러 번 바뀌었지만, 진실하게 살겠다는 마음은 한 번도 변한적이 없다. 진실을 무시한 채 살아간다는 것은 곰팡이가 핀 바닥을 그대로 내버려 두고 그 위에서 생활하는 것과 같다. 진실을 가린 채 어떤 것을 하면 그 결과는 안 좋을 수밖에 없다고 생각한다. 그래서 나는 어떤 일을 하든지 간에 진실하게 하기로 했다.

캐나다에서 다양한 사람과 사건들을 접하면서 나에게 던지게 된 질문이 있다. '나는 과연 무엇을 진실로 알고 있는가?'라는 질문이다. 내가 한평생 바르다고 믿어온 것들이 틀릴 때가 있었다. 무조건 악하다고 생각해온 것이 알고 보니 선한 것이었던 적도 있었다. 나도 모르게 내 속에 자리 잡은 습관과 편견이 진실을 가릴 수 있다는 사실이 무섭다. 진실을 보지 못하는 내가, 나 자신이나 타인에게 어떤 피해를 주게 될지 모르기 때문이다.

그러므로 항상 내 생각을 뜯어보고 남에게 주는 피해를 최소화하도록 행동을 조심하기로 했다. 그리고 진실을 알아가기 위해 열심히 배우며 살아갈 것이다.

둘째, 자기 자신의 모든 부분을 받아들이는 자세

캐나다에서 뼈저리게 느낀 것은 나는 절대 남이 될 수 없다는 것이었다. 재능, 신체, 자라온 환경 등등 사람마다 너무나도 달랐다. 각자 자신만의 개성이 있다. 가끔 나의 어떤 부분이 마음에 안 들 때가 있기도 하다. 그렇다고 나 자신을 외면하려고 해봤자 나 자신에게서 도망을 치는 것은 불가능한 일이다. 그것은 온전히 나 이기 때문이다. 반면에 다른 사람은 절대로 내가 될 수 없다. 나는 나만의 장점이 있으니까. 그러니 나 자신을 있는 그대로 받아들이고 거기서 발전시키자. 그것이 건강한 삶의 자세다.

 셋째, 서로 이해해주기

다양한 사람들을 만나면서 알게 된 게 있다. 많은 사람이 작은 것에도 상처를 잘 받고 화도 잘 낸다는 것이다. 화를 낸 후에는 또 후회한다. 그래서 나는 사람들이 화를 내더라도 이해하고 용서해주기로 했다. 물론 실수를 한 대가는 치러야 하겠지만, 정당하게 자신의 실수를 인정하고 반성하며 대가를 치르고자 하는 사람은 이해해줄 것이다. 왜냐하면, 누구나 실수를 하는데, 실수했다고 그 사람에게 아예 등을 돌려버리면 그 사람은 더는 발전하기가 어렵기 때문이다. 등 돌려짐을 겪은 사람들은 좌절과 같은 부정적인 생각에 빠질 수가 있다. 그 사람들의 부정적인 생각은 결국 나에게도 어떤 방식으로든 영향을 끼칠 것이다. 반면에 내가 상대를 이해해주면 그것 또한 나에게 돌아오리라 믿는다.

서로 이해하는 마음이 이 세상에 돌고 돈다면 얼마나 좋을까? 누군가 실수하더라도 잘못에 대한 대가는 치르되, 미워하기보다는 서로 이해해주길 바란다.

넷째, 서로를 위해 우리 모두 행복해지자

나는 당신이 꼭 행복해지면 좋겠다. 나를 위해서. 당신이 행복해지면 내 삶에도 좋은 영향을 줄 것이기 때문이다.

악한 행동을 하는 사람에게도 좋은 구석이 존재할 것이라고 믿는다. '자신에게 맞는 환경과 교육을 받지 못해서 악한 행동을 하게 된 게 아닐까?'라는 생각이 든다. 누구나 부족한 점은 있다. 그 부족한 점을 보완하면 된다. 부족한 부분을 보완할 수 있는 사람, 즉 이 세상에 사는 누구든지 불행하게 살지 않았으면 좋겠다. 불행하게 사는 사람들을 보면 가슴이 정말 아파진다.

당신을 포함한 모두가 진실위에서 행복해지기를 바란다.

다섯째, 단 한 번만 이민을 가볼 수 있는 나라

인생은 이민과 비슷하다고 생각한다. 이민할 때에 생기는 일은 살아갈 때 일어나는 일과 공통점이 많기 때문이다. 둘 다 새로운 장소, 사람, 일 들을 겪으면서 새로운 깨달음을 얻고 자신의 목표를 위해 살게 된다. 존 재하지 않는 무(無)의 세계에서 삶이라는 나라에 이민을 와서 적응해나 간다는 생각이 든다.

삶이라는 나라에서 우리는 모두 이민자이다. 이번 삶은 누구나 처음이 다. 그래서 낯설고 힘들 때도 많을 것이다. 그렇다면 어떻게 적응해볼 것 인가? 어떤 꿈을 위해 살아갈 것인가? 내가 캐나다에 적응하기 위해서 영어를 배우고 아르바이트를 하며 열심히 살았듯, 삶이라는 나라에서도 잘 적응하기 위해서 우리 한번 열심히 살아보자.

이 나라로 이민을 올 기회는 단 한 번뿐이다. 지금 순간순간이 소중하 다. 당신도 나도 잘 적응하고 이 나라에서 의미 있는 시간을 보냈으면 좋 겠다. 항상 그대를 응원하고 있겠다. 아자! :)

결국 나에게
무엇이 가장 소중한지
잊지 말자

강의인

저는 이렇게
살아왔습니다

작가 / 권예성

누군가에게 나를 소개하려 한 때, 몇 마디 말로는 나를 소개하기 턱없이 부족합니다. 그래서 지금까지 나는 이렇게 살아왔고, 앞으로는 어떻게 살려 하는 계획들을 쓰고 싶은 대로 쭉 써보았습니다. 위인들처럼 파란만장한 삶을 보낸 것은 아니지만, 어떠한 일이 있었을 때 느꼈던 감정과 떠올랐던 생각들을 모아보니 얘기하고 싶은 것들이 길어진 것 같습니다.

저는 지금껏 이렇게 살아왔고, 앞으로는 이렇게 살고 싶습니다.

저는 이렇게 살아왔습니다

1

나의 삶과 음악
_음악애호가의 아들

'지금까지 이렇게 살아왔다'고 한편의 글을 써보았습니다. 짧은 인생을 살아오면서 저에게 영향을 주었던 것들과 느꼈던 감정과 생각들을 정리했습니다. 이제는 '지금껏 뭐 하고 살아왔니?'라는 질문에 이 글로 답을 할 수 있겠네요. 별거 없지만 거창하게 써보았습니다.

_

부모와 자식은 서로에게 영향을 주는 존재이다. 유아기 때의 아이에게 부모는 세상의 전부다. 어린 시절 부모님의 조기교육이 그 아이가 나아갈 인생의 방향을 거의 정해준다고 표현해도 과언이 아니다. 나는 음악을 좋아하시는 두 부모님 덕분에, 어렸을 때부터 음악과 아주 친근했다. 어머니께서는 여러 가지 장르의 음악을 좋아하셨다. 목청이 좋아 성악

발성으로 노래를 잘 부르시고, 취미로 첼로를 배우셨으며, 지휘도 배우셔서 교회에서 성가대장을 몇십 년간 해오셨다.

아버지께서도 클래식 음악 애호가셨으며, 한때 트럼펫을 취미로 배우시기도 하셨다. 아버지의 고등학생 시절에 음악과 관련한 재미난 일화가 있기도 하다. 어느 날 학교에서 돌아오시고 저녁을 준비해서 드시려 부엌 냄비에 있던 곰탕을 끓였다고 한다. 혼자 있는 게 심심해 방에서 늘 들으시는 FM 93.1을 틀어놓고 기다렸다. 그때 라디오에서는 '차이코프스키 비창 교향곡'이 나오고 있었는데, 처음 접한 비창 교향곡을 홀리듯이 경청하셨다고 한다. 마지막 격조 되는 부분에서, 방문 사이로 연기가 스멀스멀 들어왔다고 한다. 이게 무슨 일일까 하고 나가보신 아버지께서는 곰탕 냄비가 타고 있는 상황을 보셨다고 한다.

음악에 너무 집중한 나머지 냄비로 요리했던 사실까지 잊었던 것이다. 이러했던 두 부모님의 음악사랑 덕분에 나도 어렸을 때부터 음악을 접하기 쉬운 환경에 있었다. 말을 채 배우기도 전에 기분이 좋으면 혼자서 노래를 만들어 흥얼거렸다. 소리 낼 수 있는 물건들이 있으면 어떤 방식으로든지 소리를 내보았다. 그래서 바이올린이라는 악기를 처음 만났을 때도, 난생 처음 보는 물체지만 어색하지 않았다.

애증의 바이올린

5살에 바이올린을 처음 접했다. 어머니께서 시켜서 시작한 바이올린과 합주는 시끄럽고 재미가 없었다. 어느 날은 같이 놀던 동네 형들이 사물놀이를 배우고 있으면서, 바이올린은 여자들만 하는 악기라고 나를 심하게 놀렸다. 그 나이 때에는 남자와 여자를 구분 짓는 것이 굉장히 심했다. 창피했던 나는 엄마한테 졸라 사물놀이를 다음 주부터 시작했다. 거기서 형들은 북을 치고 있었고, 누나들은 장구를 치고 있었다. 처음 사물놀이를 접하면 팔에 힘을 기르기 위해 장구부터 연주하게 시키는데, 아니나 다를까 사물놀이 선배 형들은 또, 장구는 여자악기라고 놀렸던 기억이 난다. 설상가상으로 음악 발표회 날이 다가오니, 사물놀이 인원이 너무 많아 나는 바이올린 합주팀으로 가서 발표했었다. 너무나 분했었다.

이렇게 여러 악기를 접했던 나는 초등학교 저학년쯤에 바이올린에 실증이 나기 시작했다. 또래 친구 중에 바이올린 배우는 남자아이들도 없고, 실제로 여자아이들이 바이올린을 배우는 비중이 높았다. 나도 평범한 학교 친구들처럼 축구도 하며 뛰놀고 싶었다. 지긋지긋한 동네 사물놀이 형들의 놀림도 그만 받고 싶었다. 그래서 바이올린을 그만두고 싶다고 부모님께 말씀드렸다.

'그냥 하기 싫어서….' 라고 대충 둘러댄 나의 대답에, 아버지께서는 "한 번 배운 것 쉽게 관두지 마!" 라며 화를 내셨다. 그때 당시로는 저렇게 화낼 일인가 싶었고, 충격받기도 했다. 하지만 지금 생각해보면 그때 부모님이 그냥 관두게 놔두셨으면, 나는 모든 일을 하든 쉽게 싫증 내고 관두는 것이 습관이 되었을 것이다. 또 지금처럼 음악과 내 삶이 밀접하게 연결되지 않았을 거라는 생각도 든다.

애증에서 취미로 나아가다

나는 그 뒤로 취미로 바이올린을 쭉 했고, 주 1회 아마추어 오케스트라 합주도 하기 싫었지만 꾸역꾸역 참여했다. 친구들과 같이 합기도와 축구도 시작했었다. 하지만 합기도에서는 다른 친구들은 멋있게 격파를 했지만, 몸이 약한 나는 격파를 한 장도 못 해 부끄러운 내 모습을 보이기 싫어 슬금슬금 안 나가다가 그만뒀다. 축구에서는 대회에서 축구공을 잘못 밟아 크게 넘어진 후로 슬금슬금 안 나가다가 그만뒀다.

돌이켜보니, 나는 어렸을 적부터 체면이 깎이는 것을 굉장히 창피해했다. 합기도에서 또래 친구들은 격파까지 하고 다음 동작까지 준비하는데, 얇은 한 장 격파를 못 하는 나의 모습이 너무 부끄러웠다. 축구에서는 다들 넘어져도 바로 일어나 멋있게 슈팅도 때리는데 한번 잘못 넘어지고 너무 아파하는 나의 모습과 우스꽝스러운 내 모습을 비웃는 친구들의 웃음소리, 멋있게 슈팅 넣고 싶은데 현실은 몸이 무거워 공도 못 잡는 내 모습을 스스로 창피해했다.

반면 바이올린은 생각없이 꼬박꼬박 지킨 주 1회 합주와 레슨이 나의 실력을 꾸준히 향상시켜 못하는 편은 아니었다. 등 떠밀려 나간 콩쿠르 중에서도 나름 중상위권에 속해서 쭉 했었던 것 같다.

초등학교를 졸업하기까지 나는 그렇게 바이올린을 하며 자라게 된다.

짧은 방황과 돌이킴

시키는 대로 하고 별다른 재미없이 살던 미지근한 나의 삶에도 중학생이 되니, 사춘기가 찾아온다. 나는 불만의 초점도 다른 애들과 비교해 창피한 나 자신이었다. 엄마, 아빠와 싸우고 왔다는 것을 아무렇지 않게 얘기하는 학급 친구와, 반면에 부모님 말씀을 고분고분 따르는 나는 마치 다리가 길쭉길쭉한 황새를 뒤뚱 뒤뚱거리며 선망의 눈빛으로 바라보는 뱁새같이 초라해 보였다. 나는 황새를 따라 다리를 찢으며, 황새가 지나간 길을 우물쭈물 따라간다.

교복 바지통을 기성복처럼 크게 펄럭거리고 다니는 나와 줄일 대로 줄인 바지통을 마치 스키니 진처럼 만들어 다니는 학급 친구를 따라 바지통도 한번 줄이게 된다. 체육 시간에 늘 가져왔던 체육복도 귀찮다며 교복 차림으로 와서 점수 깎이고 벌 받는 학급 친구처럼 한 번 안 가져 와 본다. 정해진 규율을 따르지 않는다는 게 멋있어 보였기 때문이다.

점심시간 끝나고 수업을 빼지고 집에 가서 놀자는 친구들의 말에 하나도 아프지 않지만, 아프다고 말하고 조퇴도 해보고, 요즘 유행하는 스타일이라며 비대칭 헤어를 하고 온 친구를 따라 나도 비대칭 컷으로 그전에 해오던 스타일과는 완전히 다르게 바꾸게 된다.

점점 나는 어울리는 친구들이 달라졌고, 이제는 나도 황새무리에 속해진 것 같았다. 그렇게 얼떨결에 한번 시작한 방황의 길은 걷잡을 수 없이 크게 몸을 담게 되었고, 나는 억지로 그들 안에 나를 짜 맞추기 시작한다. 그러나 늦게 방황의 길에 합류한 대가는 무자비했다. 무리에 어울리면 그들과 동급 취급을 받게 될 줄 알았는데, 나는 어느 순간부터 그들을 졸졸 따라다니는 취급을 받기 시작했다. '내가 이렇게까지 하는데 이 정도면 날 인정해 주겠지.', '언젠간 나도 무리의 정점에 서서 나의 화려함을 뽐내고 말 거야.'고 기대하며, 브레이크 없이 내리막길을 달리는 자전거처럼 끝없이 방황의 길로 빠져들게 되었다.

제한 없는 속도로 질주하는 방황의 자전거에 브레이크가 걸린 순간은 어느 날 문득, 내가 나의 모습을 정면으로 마주하게 되었을 때였다. 그날도 친구들과 같이 하교하던 길에 거리에 놓인 깨진 거울 속 나 자신에게 갑자기 충격을 받는다.

'무엇을 위해, 누구를 위해 난 이렇게까지 인정받으려 하지?'
'뒤에서 늘 믿어주시는 두 분을 속이며 무슨 짓을 하고 있는 거지?'

내가 황새라고 생각했던 멋있는 친구들은 다시 보게 되니, 구질구질한 현실을 견디지 못해 도망치는 용기 없는 뱁새 같은 아이들이라는 것을 많은 생각 끝에 깨닫게 되었다. 나는 다가오는 불확실한 미래에 대해 두려워서, 친구들을 따라 방황의 길을 접한 것이었다. 정말 용기 있는 아이들은 자신의 할 일을 묵묵히 해나가며, 다가오는 미래를 대비하는 아이들이었다. '지금 여기서 돌이키지 않으면, 정말 쓸모없는 인간이 되겠구나.'라는 생각에 서서히 그동안 내팽개쳤던 현실을 마주했다.

비올라를 만나다

중학교 3년을 내리 놀며 성적이 바닥을 치던 나는 이제 얼마 안 남은 고입에 너무 자신이 없었다. 공부를 다시 시작할 자신도 없고, 딱히 잘하는 것도 없었다. 내 곁을 지켜줬던 친구들은 무리에서 서서히 멀어지는 나를 과감히 버리고 떠난다. 잘하는 것도, 하고 싶은 것도 없는 모든 것에 재미가 없는 순간이 찾아온다. 그러다 정말 우연히, 어렸을 때 배웠던 바이올린 합주 선생님의 학원에 들르게 된다.

그리고 이제 막 음악대학에 입학한 비올라를 전공하는 동네 형의 화려한 비올라 곡의 선율에 매료된다. 비올라의 첫인상은 '섹시하다'였다. 바이올린처럼 앙칼대지 않고 낮은 저음소리를 내고, 바이올린보다 조금 큰 사이즈의 악기를 바이올린처럼 들어서 한다는 것이 정말 섹시하고 멋있었다. 내가 동네 형과 얘기하면서 조금씩 비올라에 관심을 보이자 지금부터라도 죽도록 열심히 하면, 비올라로 대학교도 갈 수 있다고 바람 넣는 바이올린 선생님의 말씀에 곧장 현혹되고 만다.

영화나 드라마에서, 양아치가 갱생하고 음악을 시작한다는 뻔한 스토리를 많이 봐왔기에 그 멋있는 스토리의 주인공이 되고 싶었다. 이것이야말로 나의 암울한 인생의 한 줄기 빛이 아닐까. 나는 부모님께 앞으로는 마음잡고 비올라를 공부하고 싶다고 말씀드리고, "후회하지 않을 자신 있으면 해라"는 아버지의 말씀에 "후회하지 않겠습니다."라고 분위기에 타 확답을 드린다. 그리고 그날로 나는, 나의 사막 같던 인생에 오아시스처럼 보이는 세계로 발을 내딛게 된다.

2

사막의 오아시스

 예기치 않은 사고로 표류하여 끝없는 모래사막에서 헤매던 여행자가 사막의 길 끝에서 오아시스를 발견한 것처럼 나에게 비올라는 선물 같은 존재, 간절한 존재였다. 오랜 표류에 지쳐 너무 오랜만에 물을 보게 되어 이게 진짜인가 믿기지 않는 신기루 같기도 했다. 배운지 한 달이 다 되어갈 때도 내가 이렇게 비올라를 배우고 있는 것이 신기했다. 나의 자세와 소리를 만들어나가는 것은 하나하나가 모두 새로웠고, 감동이었다. 하루빨리 음악으로 감정과 마음을 표현하는 경지에 이르고 싶어 열심히 연습하고, 배울 것이 너무 많은 나를 보며 다그치기도 했다.

 무엇보다 부모님께 후회하지 않을 거라고 약속을 했기에 내가 내뱉은 말을 어기기 싫었다. 처음 접했던 비올라의 섹시한 소리로 나의 마음을 표현하고 싶었다. 지친 여행자가 오아시스를 보고 흥분한 나머지 고개를 처박고 조금이라도 더 많은 물을 섭취하기 위해 숨도 안 쉬고 물을 마시는 것처럼 말이다. 나의 작은 두뇌에 조금 더 많은 음악을 담으려 쉬지 않고 음악을 섭취했다. 나의 삶을 일자로 펴놓고 구분선을 하나 그어 인생을 나눠보라 한다면, 난 비올라를 만난 17살에 그을 것이다.

예술고등학교 진학

예술고등학교 입시 기간이 다 끝나고 몇 달 뒤에 전공을 시작했기에 일반고등학교에 다니다 예술고등학교에 편입하기로 했다. 학교 수업을 마치고 야간 자율학습을 하는 시간에 나는 연습실로 와서 연습했다. 연습할 때면 설렘에 벅차 맹렬히 연습하는 때도 있었지만, 같은 연습실을 쓰는 동생들의 휘황찬란한 악기 실력을 듣고 이제 막 시작해 간단한 기술만 보유하고 있는 나와 비교되어 급작스럽게 좌절감과 후회를 느끼기도 했다. 하지만, 늘 '후회하지 않겠습니다.'라고 답한 내 말을 어기기 싫어서 그럴 때마다 다시 일어나 연습하고 마음을 추슬렀다.

너무 늦게 전공을 시작해서인지, 그해 여름에 처음 본 편입시험은 '바이올린으로 수많은 무대를 서서 이번도 안 떨릴 것이다.'라고 예상한 내 생각을 완전히 깨부쉈다. '비올라 전공으로는 처음 서는 무대'에 오르자, 머릿속이 새하얀 벽지가 되었다. 긴장했던 나의 마음은 바람 불면 이리저리 움직이는 풍선 인형처럼 이리저리 흔들렸다. 결과는 당연하게도 떨어졌다. 그때 난 다시 한번 바싹 긴장하게 된다. 그 이후로 악기 시험을 준비할 때는 악기 연습 뿐 아니라 심리적으로도 안정되는 연습도 하게 된다. 그렇게 준비를 하고 그해 겨울에, 다시 잡힌 편입시험에 응시했고, 감사하게도 합격하게 된다.

클래식 언덕 올라가기

나는 전공을 늦게 시작했기에 예술고등학교에 들어와서도 다른 아이들보다 많이 뒤처졌다. 다른 아이들은 그냥 짚는 음정도 나에겐 노력하고 집중을 해야 짚을 수 있는 음정이었다. 같이 연주회를 감상할 때면 음악이 격조 되는 부분에서 감탄사를 내뱉고 눈물을 흘리는 아이들의 감정에 나는 공감하기가 어려웠다. 이렇게 점점 뒤처지는 것이 싫었던 나는 그 후로 듣기만 해도 졸리는 교향곡을 계속 분석하고, 가요 대신 클래식을, 도로 위에서 나의 귀를 책임졌던 음악 앱 멜론 대신 유튜브에서 클래식 거장들의 음악으로 대체했다. 나중엔 질려서 듣기 싫었지만, 계속 필사적으로 들었다. 친구들이 느끼는 감정을 느끼고 싶었다.

그러다 어느 순간, 조금씩 음악의 구성이 들리고, 클래식에 재미가 생기기 시작했다. 친구들의 말에도 조금씩 동감하며 얘기를 나누고 거기서 친구들에게 또 배워갔다. 나에게 예고 생활은 이렇게 졸졸 따라가는 삶이었다. 그렇지만 이런 모든 순간이 나에겐 재밌고, 또 감사한 삶이었다.

첫 슬럼프

나는 첫 대학 입시에서 떨어지고, 재수 생활을 시작한다. 합격자 조회 웹사이트의 [귀하는 불합격입니다] 글자를 보는 순간, 가슴이 철렁 내려앉으며 그동안 해온 것들이 무의미해지는 것 같았다. 나를 믿어준 분들에게는 어떻게 말씀을 드려야 하나 막막했다. 지금 다시 생각해보면 내가 3년 동안 열심히 한 것은 나의 음악 차원의 우물에 갇혀서 열심히 한 것이었다. 이제 겨우 음악에 대해 알아가기 시작하는 단계의 나는 배울 것이 너무 많았다.

악기를 잡기 싫어 여러 가지 핑계를 대며 한동안 악기를 안 잡았다. 대학부터 음악 인생의 시작이라는데 시작점조차 가지 못한 내가 앞으로 악기 인생을 계속할 수 있을지에 의문도 들었다. 부정적인 생각들은 꼬리를 물어 자존감은 바닥이 되었다. 사소한 일 하나가 풀리지 않으면 거기에 나의 부족함을 이유로 붙이며 주위의 불행을 전부 내 탓으로 돌렸다. 눈빛은 힘이 없었고, 타고나길 운동을 싫어하는 몸에 나쁜 식습관까지 더해져 보기 싫게 살이 찌고 만다.

엎친 데 덮친 격으로 왼쪽 귀에 난청이 발병했다. 악기 소리는 물론이고 주위의 소리조차 제대로 듣지 못하게 되었다. 의사 선생님께서는 낫기도 쉽지 않고, 나아도 나중에 재발하기 쉽다고 하셨다. 이제는 비올라도 싫어지려 하는 나 자신이 너무 싫었다. 겨우 찾았던 오아시스는 잊은지 오래였다.

기회, 터닝 포인트

3일에 한 번씩 병원에 들러 난청 치료를 받으며 자기혐오에 가득 차 지내던 나에게 인생에 있어 다시 오지 않을 기회가 찾아온다. 내가 좋아하는 책에서 읽은 문구에, '기회는 준비된 자에게 문을 두드리듯 살며시 찾아온다. 그 기회를 잡지 않으면 기회는 미련 없이 떠나간다.'라는 문구가 번뜩 생각났다. 기회가 내 눈앞으로 다가왔을 때, 나는 그동안 낑낑대며 애써 짊어지고 오던 나를 무겁게 짓누르던 자기혐오라는 무거운 짐을 내려놓았다. 그리고 오랫동안 쓰지 않아 밑창이 다 없어져 버린 자존감의 신발을 단단히 조여 신고 온 힘을 다해 뛰어 기회를 잡았다.

다행히도 기회는 나를 받아주었고, 나만의 음악 세계의 우물에 갇힌 나를 밧줄을 내려 끌어 나오게 해줬다. 그리고 우물 밖에 펼쳐진, 광활한 음악 세계를 보게 해주었다. 그동안 악기를 대했던 마음가짐과 음악과 나와의 관계, 악기로 내 감정을 전달하는 법, 여러 가지 기술 등등 모든 것이 새롭고 생기가 넘쳤다.

처음 비올라를 접했을 때의 흥분. 마치 사막에서 오아시스를 발견한 것 같은 기분을 다시 한번 느끼게 된다. 그 후 6개월간의 나를 뜯어고치는 피나는 노력 끝에 대학 입시에 합격한다. 정말 신기하게도, 기회를 잡고 새로운 음악세계에 눈을 떠 그 음악을 표현하려 하루하루 살아갈 때, 나를 지독히 괴롭히던 난청은 어느 순간 치료가 되어버린다. 날마다 나를 괴롭혔던 날들이, 이제는 날마다 희망을 주었다.

–

일시정지.

 지금까지 읽어주신 여러분들에게 너무 감사드리며 이 밑의 글부터는 분위기가 갑자기 진지해지니 유의하시라는 당부를 드립니다. 제가 대학교에 입학하기까지의 배경들은 머릿속에 영화의 장면들이 지나가듯이 시간의 흐름에 따라 감성적으로 비유적인 표현을 쓰며 재미있게 써보았습니다.

 다음의 글부터는 앞의 글들보다는 이성적으로 제가 느낀 개념, 다짐들을 조금 무거운 분위기로 써볼 예정이니 여기서 잠시 멈추시고 새로운 마음으로 읽어주시면 보다 읽으시기에 편할 것 같습니다. 여기까지 제 이야기를 들어주셔서 감사드립니다.

3

안분지족

처음 비올라를 시작할 때부터 나에게 음악대학은 바다와 같이 넓은 음악 세계라고 생각했었다. 한 곡을 귀에 피가 나도록 여러 번 연습해서 완성도를 높이는 입시곡을 빨리 대학에 진학해서 그만두고 싶었다. 내가 하고 싶은 종류의 여러 음악을 다루며 즐겁게 연주하자고 입시생활에 늘 다짐했다.

정해진 입시 곡에 맞추어서 나를 다듬고 만들어가는 연습 대신에 내가 하고 싶은 곡들에 맞추어서 다듬는 연습을 늘 선망했다. 막상 대학교에 와서 여러 가지 음악 수업을 수강하고, 수업마다 따라오는 산더미 같은 과제들을 해치워나가다 보니 지금 수강하는 여러 수업에 벅차 있었다. 나는 어느새 내 자리에 만족하고 있었다. 마음속으로는 여기서 더 노력해 바짝 앞서가야 한다는 것을 누구보다 잘 알았지만, 그때의 나는 조금은 더 느긋느긋 천천히 가고 싶은 마음이 컸었다. 생각에서 이렇게 만족을 하니 나를 채찍질해서 다듬는 연습 시간의 비중도 줄어들고 연습목표도 흐릿해졌다. 여러 콩쿠르에 도전했지만, 장려상도 못 받고 줄줄이 탈락했고, 학교 실기시험에서도 늘 부끄러운 성적을 받았다. '콩쿠르를 나가도 상도 못 탈 실력이니, 나는 콩쿠르를 나가기보다는 기본기 연습을 더 해야겠다.'라는 생각으로 나를 위로하며, 앞으로 나아가기보다는, 멈춰서 나를 다듬고 나아가자고 생각한다.

편안한 마음으로 자신의 처지에 만족하는 삶

지금까지 해온 나의 실력을 살펴보며 기본부터 다시 점검해 쌓기로 했다. 입시를 준비하느라 정해진 틀에 짜 맞췄던 나의 실력은 기초가 튼튼하지 못해 곧 무너지기 직전이었다. 처음부터 다시 시작한다는 마음으로 기본을 다듬는다. 지금 다시 생각해보면 그때의 나는 기본부터 점검하는 것보다 시급한 것이 있었으니, '대학교에 진학하면 이 지긋지긋한 나를 다듬는 연습을 그만하고 싶다.'라는 생각을 고쳤어야 한다. 보통 어렸을 때 악기 전공을 시작해서 예술 중·고등학교에 진학하면 대학 입시라는 트로피를 따기 위해 경주에 오른다.

나는 그 경주를 남들보다 늦게 출발했지만 어떻게든 입시에 성공했기에 경주를 끝마친 것에 만족하며 기본만 다지며 쉰 것이 오점이었다. 대학 입시라는 목표만 바라보고 힘겹게 뛰어온 경주를 마쳤으니 이제 스스로 내가 나아갈 길들을 정해서 개척하며 나아갔어야 했다. 하지만 누군가의 지도하에 수동적으로 만들고 깎는 입시 음악에 익숙해져 있는 나에게 스스로 능동적으로 무엇을 찾아서 개척하는 것은 참 생소했다. 비판적으로 바라보자면, 내 처지에 만족하고 즐기며 살다 또 누군가의 손길이 와주길 기다리고 있었던 것이라고 할 수 있다. 그때의 나는 끊임없이 앞으로 나아갈 길을 찾아보고, 상황을 극복하려 최선을 다했어야 했다.

나아갈 길은 한창인데 머물러 있으니, 스스로 쟁취하여 이뤄진 일은 손에 꼽을 정도로 없었고, 음악에 대한 희망도 점점 잊혀졌다. 나를 믿어주고 계실 분들한테 가끔 안부 전화를 드릴 때는 정말 암정으로 가득한 길을 맨발로 걷는 느낌이었다.

또 하나의 터닝 포인트

시간은 점점 흘러 나에게도 군대에 가게 될 때가 되어 군악대에 지원하게 된다. 악기를 전공하는 아이들은 대부분 일반군대로 지원을 하지 않고, 군악대에 지원하여 군 생활을 보낸다. 1년 반이 넘는 시간 동안 악기를 안 잡고 보낸다면 악기 실력이 녹슬기 때문이다. 나도 일반군대는 생각도 하지 않고 여러 군악대에 시험을 쳤다. 그 중 해양경찰 관현악단에 붙어서 가게 되었다. 여기서 보낸 21개월간의 군악대 생활은 나에게는 또 하나의 터닝 포인트가 된다.

 입대할 때의 마음은 여러모로 지쳤으니 그냥 21개월 동안 쉬고 오자라는 생각뿐이었지만, 훈련소를 마치고 해양경찰 관현악단으로 전입 받은 첫날, 지하 합주실에서 울려 퍼지는 흥겨운 재즈 음악을 들은 순간, 그 생각은 눈 녹듯이 사라진다.

4

3차 성징

해양경찰은 해군에서 경찰을 담당한다. 전시상황에서 해군은 보다 전투역할, 해경은 보다 민간인 보호 역할을 맡는다. 내가 군 복무를 한 곳은 '해양경찰 관현악단'이었다. 해양경찰 관현악단은 현재까지는 의경을 채용해서 쓰고 있다. '해양경찰청(본청)'의 의경은 세 부서-[취사, 자율경비대, 악단]-로 나뉘어있었다. 취사는 본청 경찰관들과 의경에게 식사를 대접하며 근무했고, 자율경비대는 육군의 헌병같이 청의 입구를 지키며 근무했다.

악단은 경찰청 내의 크고 작은 행사와 경찰청 밖의 민간행사에서 연주하는 일을 했다. 이렇게 부서가 나뉘어 있기에 각 부서의 일과시간 때에는 부서 사람들과 일과를 진행했고, 일과 후 휴식 및 취침 시간에는 타부서 아이들과 같이 시간을 보냈다. 이런 배경의 군 생활 덕에 나는 음악뿐 아니라 사람 사이의 관계와 운동하는 법, 각종 자격증 등등 음악만 했으면 못 배웠을 것들을 많이 배웠다.

나를 묶어놓았던, 음악경계선을 지우게 되다

중학교 때 잠깐 밴드에 관심을 가졌던 이후로는 줄곧 클래식 음악만 해왔다. 비올라를 시작하고 내가 하는 음악을 더 완성도 높게 표현하려면 클래식 음악 외의 다른 음악을 들을 여유가 없었다. 신나는 전자음악과 아름다운 발라드 음악들을 듣고 싶었지만, 클래식 입시생이 다른 음악을 들으면 안 되는 것이라 생각했다.

내 장르의 음악도 못 하는데 무슨 다른 음악을 접하냐고 나를 나무랐다. 나의 음악 공간 안에서 갇힌 음악이 얼마나 보잘것없고 좁았는지 깨달은 순간은 악단의 캄보밴드의 재즈 음악을 접하는 순간이었다. 한 명 한 명 그 음악에 푹 빠져 연주하는 모습과 자기 악기뿐만 아니라 다른 악기도 연주하려 공부하며, 자기가 작곡한 곡을 여러 단원과 즐겁게 연주하는 모습은 정말 신세계였다. 곡을 연주하는 모든 순간, 연습하는 모든 순간에서 그들에게는 행복만이 느껴졌다.

이제껏 나는 비올라만 연습하고, 표현하는 것에서 그쳤었다. 내가 작곡을 하고 다른 악기를 연주 가능한 상태까지 연습하는 것에는 겁을 느끼고, 쉽게 접하지 않았다. 내 범위 밖이라고 생각하였고, 해봤자 그 분야에 타고난 것이 아니기에 하다가 또 흐지부지 할 것이라는 생각으로 도전하려 하지 않았다.

전자피아노 전공 내 동기는, 베이스 기타를 연주할 줄 알았으며, 휴가 기간에 시간을 내어 공연도 했다. 자기가 쓴 곡도 몇 개나 있었고, 편곡 작업도 자주 하였다. 시간이 남는다고 쉬지 않았으며 항상 음악에 새로운 도전을 했다. 내가 고민하고, 겁을 내어 주저하는 시간에 이미 내 동기는 여러 가지로 도전을 하고 있었다.

연습은, '자기를 깎는 고통스러운 시간'이라고 단정 지었던 내 생각의 틀도 깨어졌다. 내가 좋아서 음악을 시작했으니, 매 순간 즐거워야 하는 것이었다. 나를 다듬는 연습 시간도, 다듬는 것에 대한 행복을 가지며 연습하기로 생각하게 되었다. 이러한 모습들을 보여준 밴드 단원들 덕분에 나는 그동안 나를 막고 있던 음악 경계선을 서서히 지우게 될 수 있었다. 평소에 내가 겁먹어서 도전하지 못하였던 음악적인 부분들도 용기를 내어 도전하게 되었다.

절대 하지 못하던, 운동을 시작하다

나는 운동에도 나만의 경계선을 명확히 긋고 넘어갈 생각을 하지 않았다. 운동신경도 없고, 재미도 없었기에 도전하려 하지 않았다. 무엇보다 잘하는 사람 앞에서 체면 구겨지기 싫었다. 운동을 하지 않는 나를 기가막히게 합리화 할 수 있는 이유도 있었다. 현악기를 전공하면 손과 팔의 작은 근육들을 많이 써서, 근력운동을 하면 연습할 때 지장이 간다는 이유였다. 입시 준비 할 때는 무거운 물건조차 들지 않으며 악기 연주에만 근육을 썼다.

군대에서 일과를 마치고 휴식 시간에 연습만 하기엔 시간이 너무 무료했다. 그리고 먹기만 하고 운동을 안 하니 살도 많이 쪘다. 어느 날 타부서 선임이 헬스장에 같이 가자고 했다. 사회에 있을 때는 절대 안 갔겠지만, 무료한 시간을 조금이라도 채울 수 있을 것 같아 따라갔다. 타고난 근력이 부족한 나에게 처음 접한 헬스장은 지옥이 따로 없었다.

무슨 어려운 용어를 써가며 그 무게를 들려고 애쓰고 든 다음 던지고. 다시 들었다가 놓고, 서로의 근육을 확인하며 기뻐하는 이곳은 아마겟돈 그 자체였다. 지옥 같은 1시간 30분이 지나고, 온몸에 근육통이 생겼다. 그날 취침 시간에 침대에 눕자마자 바로 잠자리에 들었던 것으로 기억한다.

만약 군대가 아니라 사회라면 나는 다음날부터 헬스장을 절대 안 갔겠지만, 내가 있는 곳은 상명하복이 명확한 군대였기에 선임이 날 끌고 데려가는 대로 매일매일 그냥 갔다. 그렇게 그냥 하라는 대로 하던 어느 날, 겨울마다 오는 허리통증이 사라졌다. 꾸준한 운동으로 척추기립근이 발달하여 허리를 잡아주어 덜 아프게 된 것이다. 워낙 운동을 하지 않고 평소 앉아서 연습실에서 연습하던 나에게는 고등학생 때부터 가을이 지나고 조금씩 찬 바람이 불 때 허리가 아파졌는데, 운동을 시작하고 한 번도 오지 않았다. 알고 보니 근육이 몸에 워낙 없어서 자세를 바르게 잡아주지 못해 아파졌던 것이었다.

나를 변화시켜준 운동은 '데드리프트'였다. 이제는 척추 주위의 근육이 생겨서 자세도 바르게 잡고, 통증도 찾아오지 않는다. 상체운동을 하는 날에는 비올라 연습에 지장도 조금 있기는 하였지만, 그것도 연습 전 스트레칭을 함으로써 개선하게 되었다. 이러한 나의 변화되는 모습들을 보게 되니 그 후로는 재미가 붙어서 나중엔 일과 전, 후로 하루 두 번씩 운동을 하러 가기도 하였다. 나를 헬스장에 가게 해준 선임에게는 지금까지도 감사하고 있다.

그 뒤로 나는 '여기에선 무엇이든 할 수 있다.' 라는 자신감이 생겨 바리스타 동기가 '커피 기술을 알려 줄 테니 배울 생각 있으면 배워보라'는 제안에도 도전하여 바리스타 자격증을 따고, 똑똑한 타부서 동기들의 도움을 받아 워드프로세서, OPIC영어자격증, 심리학 등등 여러 자격증에 도전했다.

결과가 어찌 되든, 노력하는 것에 의의를 두고 그동안 [하지 못할 것]이라고 단정 지어 놓은 것에 무작정 도전했다. 만약 해양경찰 관현악단에 입대하지 못하였다면 클래식 음악만 좋다고 여기고 다른 음악은 나쁘다고만 생각했을 것이다. 또 운동은 아예 엄두도 못 낸 채 골골거리며 살았을 것이다. OPIC, 심리사 자격증, 바리스타 자격증을 딸 시간에는 연습을 조금 더 하는 게 좋다고 생각하며 취득하려도 안 했을 것이다. 여기서 나는 어떠한 경험이든 다 쓸모가 있는 경험이며, 항상 배우려 하는 자세를 취해야 한다고 다짐하게 된다. 이렇게 군 생활은 그동안 성장해왔던 나를 정신적으로 한 번 더 성장시켜주는, 비유하자면 제3차 성징과 같은 시간이었다.

5

내일의 나

해양경찰 관현악단에서의 군 생활은 나에게 '도저히 할 수 없는 것'이라고 단정 지었던 것들을 '하면 되는 것'으로 인식을 전환해주었다. 훈련소에서 경험했던 여러 훈련은 '아무리 무서운 것이라도, 하면 이겨낼 수 있는 것'이라는 교훈을 느끼게 해주었다. 어떤 것이든지 도전하면, 조그마한 것이라도 이루어지고, 안 하면 죽어도 되지 않는다. 앞으로 나는 하고 싶은 것들의 시작에 대한 두려움을 이기고, 최대한 많은 업적을 쌓아보고 싶다. 이 책을 쓰게 된 이유도 그러하다.

새로운 시작

앞으로 배우고 싶은 것과 하고 싶은 것을 당장 말하라면, 나는 음악, 운동, 지식 세 분야로 나눠서 바로 말할 수 있다. 음악으로는 - 나만의 노래도 만들고 싶고, 멋있는 장소에서 멋있는 연주를 해보고 싶다. 다른 장르의 음악도 해보고 싶고, 이색적인 연주도 해보고 싶다.

운동에서는 3대 중량을 더 늘리고 싶고, 축구에서 팀의 스트라이커가 되고 싶다. 지식으로는 영어를 잘하고 싶고, 제테크 분야를 더 배우고 싶다. 사실 쓰고 싶은 게 너 많이 있지만 지금도 쓰면서 많이 걸렸다. 오늘 하고 싶은 것들도 이렇게 많은데, 내일이 되면 또 하고 싶은 일들이 더 많아질 것이다.

미션 찾아가기

지금껏 살아온 인생이 얼마 되지 않지만, 내가 지금껏 살아온 경험을 바탕으로 삶에 대해 감히 말하자면, 한국의 거의 모든 아이는 대학교를 졸업하기까지 내 삶에 미션이 주어진다고 생각한다. 8살이 되어 초등학교에 입학하면, 해야 하는 것들을 배워가며 중학교에 가기까지 교육과 예절 등을 배워간다. 중학교에 들어가면, 고등학교라는 목표에 가기 위해 여러 가지 것들을 배워간다.

그리고 고등학교에 들어가면, 이제는 대학교 입시라는 큰 미션에 3년 동안 도전하게 된다. 1년 마다 나에게 깨야 하는 미션을 주고, 우리는 그것을 하나하나 완수하기 위해 노력한다. 그리고 대학교에 무사히 입학하고, 군대와 졸업이라는 미션을 완수하면 이제부터는 나에게 더 이상 미션을 주지 않는다. 몇십 년간 나에게 주어지는 미션에 맞춰서 이뤄가는 삶이 이제는 내가 스스로 찾으며 해나가야 하는 것들이 되어가는 것이다.

나 또한 수동적으로 움직이기에 익숙해져 있으며, 사회가 또 나에게 미션을 주기를 바라고 있었다는 것을 군 생활 동안 깨우치게 되었다. 재수 생활을 보내고 21살에 대학 생활을 시작한 나는 3학년까지 대학 생활을 보내고 23살에 군대에 갔고, 제대해 보니 25살이 되었다. 20대 중간에 서 있는 나는 더 늦기 전에 더 이상 나에게 미션이 내려오기를 기다리기보다 내가 열심히 움직여서 미션을 찾아서 완수하려고 한다.

한번 해보자

'하고 싶은 것에 대한 두려움'은 그것에 대해 나의 열정이 부족한 것도, 지금 하는 일이 많아 시간을 내기 어려워서도 아니다. '내가 그 분야에 타고난 것이 아니라서, 또 끈기도 없어서 하다가 곧 그만둘까 봐'라는 생각을 하며 두려움을 가지는 것이다.

지금껏 작곡하는 것, 헬스 하는 것, 영어 공부하는 것에 늘 그런 생각이 었었다. 어떤 일이든 시작하기 전에 그 일에 지레 겁을 먹고 나의 부족함으로 핑계를 만들었다. 그러다 보니 쉽사리 시작할 수 없었다. 20년 4월 25일 전역 날 아침, 나는 평생 할 수 없을 것 같았던 헬스를 6개월 차로 접어들고 있었고, 나와는 다른 일이라 생각했던 바리스타 자격증을 땄고,

워드 단축키를 배워 문서를 손쉽게 편집할 수 있었고, 재능도 없고 재미도 없던 축구에 빠져있었다.

　내가 군대에서 위의 일들을 시작할 때, 처음으로 든 생각은 당연히 '소질이 없는 일들이니 시작을 해도 잘하지도 못할 것이고, 또 하다 그만두겠지.' 였다. 그러나 그다음으로 든 생각이 중요하다. 그건 바로 "뭐 어때? 한 번 해보자."는 것이었다.

　군대라는 폐쇄적인 공간에 있기에 잃을 것도 얻을 것도 없을지라도 '시간은 잘 가겠다.'라는 생각으로 두려움들을 잊고 해보고 싶었던 일에 대한 발걸음을 떼었다. 그렇게 어려운 발걸음을 떼보니, 생각보다 별거 아니었다. 심지어 무척 재밌었다. 그냥 하고 싶으니 하는 것이다. 타고난 자가 아니면 뭐 어떠하랴. 재밌으니까 하는 것이다. 바리스타와 워드도 처음 시작할 때는 잘하지도 못하고 실수만 연발했다. 하지만 하고 싶어서 계속하다 보니, 내 커피를 맛보고 맛있다는 사람이 늘어나고, 한컴으로는 타자밖에 못 치던 내가 어느새 주요 단축키는 다 외워서 손쉽게 문서작성도 할 줄 알게 되었다.

　내가 정말 사랑하는 축구는 너무 늦게 시작해서 열정만 가득하고 기본자세는 좋지 않아 부상을 입기 일쑤였다. 그렇지만 치료하여 회복하고, 자세를 계속 고쳐나가니 점점 부상 빈도도 줄어들었다. 그냥 이렇게, 어떤 일이든 두려움 없이 시작하고, 부득이한 상황으로 일을 못 하게 되면 잠시 쉬며 연구하고 또 하면 되는 것이다.

앞으로의 모든 일에 나는 두려움 없이 시작할 것이며, 멈춰야 할 땐 멈추고, 다시 시작할 수 있을 때 다시 시작할 것이다.

매일매일 더 나은 사람 되기

어머니의 등 떠밀기로 시작한 바이올린이, 비올라에 대해 전혀 모르던 내가 전공을 할 수 있게 만들어주었다. 멋모르고 지원한 군악대는 내 인생의 터닝포인트가 되었다. 주어진 상황에서 최선을 다하고 더 나은 내일을 위해 도전하는 하루의 노력이 쌓이고 쌓여서 세월이 되고, 인생이 된다. 지금, 이 순간 내가 하고 싶은 것들, 이루고 싶은 것들에 도전하는 것을 멈추지 않을 것이다.

가다가 멈춰야만 하는 때가 올지도 모른다. 그럴 땐 과감하게 멈추고 주위를 살필 것이다. 그리고 다시 달려야 할 때 달릴 것이다. 그렇게 최대한 많은 분야에 나는 도전하며, 성취를 이룰 것이다.

지금껏 거창하게 글을 썼지만, 깜짝 놀랄만한 고백을 드리자면, 지금 나는 처음 비올라를 접했을 때처럼 엄청난 열정에 사로잡혀 있지 않다. 쉽게 말씀드리자면 어떤 것을 정확히 내가 원하는지 모르겠다. 하지만, 나는 매일매일 여러 분야에서 지식과 경험을 쌓으며 오늘보다 더 나은 내일을 향해 달릴 것이다. 그렇게 하다 보면 내가 하고 싶은 것들에 대한 바탕을 더 명확히 알 수 있을 것이고, 처음 비올라를 만났을 때처럼 무엇인가에 타오르리라 생각한다.

그렇게 여러 분야에서 나는 하고 싶은 것들을 하면서 살고 싶다. 어떤 두려움이 와도, 부득이하게 그만둬야 할 상황이 와도, 그냥 하고 싶은 것들 자체로 하면서 살아가는 것이 재미있을 것 같다. 한 치 앞도 알 수 없는 인간이 그나마 미래를 예측할 수 있는 방법은 어제의 삶이 오늘이 되고, 오늘의 삶이 내일이 된다고 생각하는 것이다.

나는 하루하루를 의미 있게 보내며 오늘보다 내일,
더 나은 사람으로 만들어가고 싶다.

사람은
만들기에 달려있다.

권예성

신
조
일
기

작가 / 주신조

뭣이 중헌디. 라는 대사를 좋아하고,
뭣이 중헌지 잊지 않고 살아가려는 사람입니다.
뭣이 중헌지는 아는데,
이 신조에 비중을 두고 살고 있지는 못해
끊임없이 글을 쓰고 수평을 맞추며 삽니다.

신조일기

1

타자로 그리는 자화상 작업

나는 가끔 노트에 뜨문뜨문 일기를 쓰는 사람이다. 나만이 볼 수 있는 노트일기는 격앙된 감정을 육하원칙 없이 쏟아내는 공간이 되는 탓에, 시간이 지나면 다시 읽기가 버겁다. 또한 마음이 요동치지 않는 날은 그런대로 일기를 쓰기까지 어쩐지 마음의 준비가 필요하다.

그렇게 아무도 시키지않은 일기를 어기적어기적 써오던 내가 어느 날부턴가 본격적으로 블로그에 글을 쓰기 시작했다. 통상적인 정보성 게시글은 아니고, 내 일기장이 그곳으로 옮겨갔다고 보면 된다. 달라진 게 있다면 더욱 자주 재미있게 써내려가게 된 것이다. 어느 멋진 이의 글을 읽은 게 계기였는데, 사랑에 빠져버렸다. 글만으로 사람에게 존경심과 사랑이 막 솟아오르고 하는 게 흔치 않은 일인데, 정말이지 그렇게 되어버렸다. 글쓴이가 어떤 사람인지 궁금해지고, 그의 사고관과 사상을 내 것인 양 머리에 쏙쏙 넣고 싶었다.

그래서 닮고 싶은 마음에 그 글을 따라 적다가, 내 생각을 덧붙이고, 써 내려가며 내 생각을 확립하기 시작했다. 색종이를 오려 붙이는 과정처럼 내 생각을 다듬고, 받아들이고 싶은 새것을 이어붙이는 과정은 손이 많이 갔다. 그렇게 해서 하나의 글이 온전히 만들어지면, 그 글은 곧 새로운 내가 되었다. 두 사람이 만나고 두 개의 세계가 하나로 통합되는 과정을 거치듯, 나의 글 세계도 그 어마어마한 일이 매번 벌어지고 있었다.

하루하루 써 내려간 글들은 모이고 모여 어느덧 커다랗고 소중한 나의 자화상을 만들어주었다. 이렇게 글로 그려진 나를 들여다보며 나를 알게 되고 이해하게 되었다. 이 편안하면서도 낯선 내 초상은 꼭 만날 사람을 만난 기분이 들게 했다. 그래서 나는 글을 쓰지 않는 날에도 자주 블로그에 들어가 새로운 나를 마주하며 즐거워했다.

내 일기는 전문적이지 않고, 투박하고 소소하다. 다듬어지지 않은 부분이 훤히 들여다보인다. 하지만 금제나 목재나, 필요로 하는 사람은 다 따로 있지 않은가. 내 글을 필요로 하는 이에게 번쩍거리는 금속이나 차가운 철제보다는 따뜻하고 편안한 패브릭 소파 같은 글로 읽혀진다면 참 좋겠다.

2

악당 없는 빌런마을

밥 잘 사주는 이웃집 아저씨

초등학교 2학년 때 우리 집은 풍납동으로 이사를 했다. 새로운 집은 참으로 특이한 구조였다. 가파른 계단을 타고 올라가면 오른쪽이 우리 집 현관문, 왼쪽이 조명가게 유리문이었다. 상가와 가정집이 단둘이 붙어 있는 구조가 어린 내가 보기에도 굉장히 특이했던 게 기억난다.

학교 수업을 마치고 부리나케 집에 돌아오면 엄마는 없었다. 심심하고 배가 고파진 나는 현관문을 열고 어물쩍 조명가게로 건너갔다. 그리고 곳곳에 가득한 신기하고 예쁜 조명들을 잔뜩 구경했다. 와중에 조명가게 아저씨와 무슨 대화를 나눴는지는 모르겠다. 구경이 끝나고 가게 바닥을 폴짝폴짝 뛰어다니고 있으면 항상 중국집 배달원이 왔다. 그렇게 초대받지 않은 손님이 되어 몇 번이나 짜장면이며 짬뽕을 야물 야물 먹었다. 음식을 주문해준 조명가게 아저씨가 탕수육도 먹으라며 내 그릇에 얹어주면 어린 나는 사양 없이 모두 해치웠다.

　그러던 어느 날, 엄마 아빠는 우리가 사기꾼에게 당했다고 했다. 엄마가 주저앉아 어쩌냐며 울었던 것 같다. 아빠도 허공을 노려보며 서 있었던 것 같다. 그 조명가게 아저씨는 사기꾼이었다. 뭐 어찌 된 일인지 잘 모르겠지만 나는 우리의 밥 잘 사주는 이웃 아저씨가 적이었음을 알게 되었다. 배신감에 화가 잔뜩 난 나는 다음에 아저씨를 만나면 단소로 두들겨 패줘야겠다고 생각했다. 아버지는 새로운 일을 시작했고, 엄마도 일을 나갔다. 집안은 어지러웠다.
　나는 아저씨와 다시 만나게 되면 우리가 몸싸움을 하게 될 거라 굳게 믿었다. 그래서 학교에서 돌아와 아무도 없는 집에서 단소를 들고 무술 연습을 했다. 그때, 누군가 현관문을 요란하게 두드렸다. 역시 무술 연습을 한 건 하늘의 뜻이었을지도 모른다! 잔뜩 긴장한 채 몸을 낮춰 문을 열자, 문밖에는 소방관들이 서 있었다.
　그렇게 나는 담요에 싸인 채 지층 소방차 앞에 서 있게 되었다. 아저씨의 조명가게에서 검은 연기가 뿜어져 나왔다. 담뱃재로 인한 화재였던 걸로 기억한다. 나는 꽤 침착했는데, 역시 사람이 죄를 지으면 벌을 받는다고 생각하며 단소를 꽉 쥐고 가만히 앉아있었다.

아픈 사람과 아픈 집

회사나 친인척, 혹은 거미줄처럼 이어진 모종의 관계 속에 만났던 빌런들이 있다. 매운맛, 중간맛, 순한맛 정도로 정도가 다채로운 그라데이션 빌런세트. 그 중 중간맛 빌런의 이야기를 이곳에 꺼내어볼까 한다. 어느 날, 어떤 이가 갑작스레 나를 불러앉히고 이야기를 꺼냈다.

"내가보니까 자기는 미래대책이 전혀 없어. 그래서 내가 준비한게 있는데, 특별히 자기한테 주는 선물이야."

보험설계사 일을 하는 그 사람이 내민 종이는 보험계약서였다. 계약금액이 상당히 컸다. 사람이 기술 들어갈 때, 발부터 천천히 적시기 작업을 사용하는게 통상적이지 않나? 대체로 목마른 사람이 찾아와 거래를 하는 이 세계에서, 나는 필요성도 없이 물에 퐁당 빠뜨려진 채 보따리를 내놓게 생겼다. 난데없이 물에 빠진 나는 보따리를 구명조끼 마냥 움켜쥐고 손을 흔 들었지만, 상대는 내가 보따리를 내놓기 전까지 귀를 먹은 척 하기로 작정한 것 같았다.

이야- 인생 짧고 세상이 좁다지만 도리와 상도덕이란 게 버텨주고 있는데. 밑도 끝도 없이 밀려든 물에 우리의 관계는 그대로 잠식되어 버렸다. 발끝하나 젖어도 추워죽는 나지만, 필요에 의해 유지되는 모든 관계가 그렇듯 손에 따신 커피 한 잔이라도 쥐어주면 이내 웃어주며 발을 내어주고 커피를 취할 여유정도는 갖고있는데, 나.

가랑비에 천천히 젖어갈 새 없이 물에 던져진 그 날의 나에게 심심한 위로의 말을 건넨다. 나는 결국 계약서에 사인을 했다. 선물은 받는 게 예의라는 살기어린 말 뒤에, 사인하기 전에는 방을 나갈 수 없다는 친절한 설명이 따르더라고.

사람의 얼굴도 이름도 쉽게 잊는 나에게 그분은 내 신경세포에 섬광같은 존재로 남으셨다. 잊을 수가 없다. 아- 보험 빌런.

계약은 했지만 납입금액은 당시의 나로서는 도무지 감당할 수가 없었다. 몇 달 못가 해지될 위기에 처하자, 설계사는 마치 떨어지는 땅볼을 온 몸을 던져 받아내 굴러버리는 내야수처럼 나의 계약을 폭 안아버렸다. 무려 1년이 넘게 내 보험금을 친히 납입한 것인데, 아마 한 기간 계약이 유지되어야 그녀의 월급에 지장이 없었으리라.

찝찝함만 가득한 보험기간동안 그분은 -본인이 선물을 주고있으니 자신에게 고마워해야 한다-는 것을 강조했다. 뭐, 한국인이 모두 한국말 잘한다고 하는건 편견일테니까. 선물이란 단어를 잘못 배우셨나보다.

참으로 개빡치고 피곤한 관계였다. 하지만 이상하니 시간이 흐를수록 감정은 옅어지고 측은만 남았다. 방법이 잘못되었지만 그날의 그녀는 절벽에 매달린 사람이 아니었을까. 그렇게 해야만 살 수 있었던 사람. 독기 품었던 마음을 내려놓고, 그 사람을 위해 기도한다.

으휴, 아픈 사람.

—

어느 여름밤, 내가 사랑하는 전원주택 단지를 걸어 다니며 저녁 산책을 했다. 이곳은 카페거리를 끼고 있는 조용하고 한적한 전원 단지다.

이 그림 같은 집들 사이를 한들한들 걸어 다니며 이 집은 건축양식이 모던해서 멋지고 저 집은 조명 연출이 기가 막힌다며 이야기하다가, 마당에 그림 같은 소나무가 있는 집을 보았다. 큰 소나무가 마당에서부터 힘 있게 비틀어져 올라가, 자칫 프라이버시를 침해당할 수 있는 2층 통 테라스를 교묘하게 블라인드 처리 하고 있었다. 아주 멋있는 나무였다.

'와, 저 집 소나무 장난 아니다' 하려는 순간, 그 집 앞에 쌓인 큼직한 생활 쓰레기들과 2층 테라스에 잔뜩 쌓인 잡동사니가 보였다. 언뜻 비치는 유리창 너머로 보인 집안은 매우 어지러웠고, 마당은 온통 망가진 가구와 먼지 쌓인 소품들로 가득 메워져 있었다. 마지막으로 현관에 붙어 있는 '엄청난 크기의 부적'이 그야말로 화룡점정.

언뜻 보면 이사 중인 것 같던 그 집은 현재진행형으로 사람이 거주 중인 집이었다.

'아이고, 이 집 많이 아픈 집이네.'

삶이 휘몰아쳐 생각도 몸도 정비하지 못할 때 주거지는 뒤죽박죽이 된다. 그런 때에는 작정하고 청소를 해야 한다. 새것이 온 만큼 낡은 것은 내다 버린다. 나를 위해 청소한다. 사람은 집과 같고 집은 사람과 같아서, 시간을 들여 유지보수를 해야 균형 맞는 일상이 된다. 안이든 밖이든 일단 청소를 시작하면 꼬이고 엉망이 된 생각이며 집이 일목요연하게 정리가 된다.

하지만 위의 일기를 쓰고 며칠 뒤, 부끄럽지만 나도 입에서 먼지 쌓인 책상을, 유리 조각을, 구멍 난 수건을, 쓰레기를 잔뜩 쏟아내었었다. 입에 부적을 붙여놔야 할 판이었다. 그래서 나를 비롯한 주변인을 그만 아프게 해주려 자리를 피했다. 병자가 되는 것도, 집이 엉망진창이 되는 것도 순간이었다.

자, 우선 내가 먼저 건강해져야지. 이후 나를 화나게 한 집을 함께 치워줘야겠다. 일단 내 생각과 문제들을 정리하고, 깊이 돌이키며 해결하는 시간을 가지려 한다. 얼마나 다행인가? 안의 문제든 밖의 문제든, 청소하면 된다. 지금부터 대청소를 시작한다.

여긴 악역이 없어

나는 드라마를 안 본다. 〈매직 키드 마수리〉가 한창 방영 중일 때 부모님께서는 갑작스러운 교육신념으로 TV를 버려버리셨다. 안타깝게 도 마수리의 마지막 회는 본방사수하지 못했고, 이후 나는 드라마나 영화와는 거리가 매우 먼 삶을 살아왔다. 최근 이런 나에게 친구가 끈덕지게 추천한 드라마가 있다.

"멜로가 체질? 무슨 제목이 그래."

내 차가운 반응에 친구는 해당 드라마 클립을 보여주었다. 그녀가 보여준 영상에는 쌍욕을 퍼붓는 험상궂은 남자가 있었다. 심드렁히 바라보다가 이 사람이 악역이냐고 묻자, 친구가 아주 결정적인 대답을 했다.

"여긴 악역이 없어."

오, 어떻게 악역이 없을 수가 있을까. 드라마의 필수적 장치 아니던가. 그렇게 해도 스토리가 진행이 되나? 호기심이 생긴 나는 그렇게 드라마를 처음으로 정주행하게 되었다. 그리고 친구의 권유를 크게 이해하게 되었다. 나의 답답한 마음을 누군가 스케치해 유화로 완성시킨 작품 같았다. 대사는 꽤나 현실적이었고, 정의할 수 없는 관계들까지도 잘 표현되었다.

우리의 색은 모두 다르고 다르다. 각도에 따라 형상이 달리 보이는 각도석 마냥, 사람도 보는 각도에 따라 달리 보이고, 우리가 만난 때에 따라 서로에게 느끼는 온도도 다르다. 이 관점에 따라 우리도 누군가에게는 악역이 되기도 하고, 어딘가에서는 선역이 되기도 한다. 이런 자연스러움이 그 드라마에서도 잘 녹아있었다. 돌아보니 내가 성장하며 만나온 수많은 빌런 중엔 내게 꼭 필요한 것을 준 이들도 있었다. 물론 안 만났으면 더 좋았을 개 같은 악역들도 있었지만, 이들을 거쳐 가며 나는 그 면모를 타산지석으로 삼고 총총총 지나갔으니 밑도 끝도 없는 긍정적 관점으로 보자면 인간적인 성장, 그 촉진제의 기능을 해 준 걸지도 모르겠다.

그래서, 가만히 앉아 생각한다. 내가 악역이었을 순간들, 무의식으로라도 누군가에겐 진정한 빌런이었을 나의 지난날을 생각하며 반성도 하고, 내가 믿는 신에게 잘못도 빌었다. 아, 19년 전 조명가게 아저씨에겐 내가 '꼬마빌런'이었을까? 식사 시간마다 어김없이 나타나 짜장면을 먹는 내가 미웠을까. 아니면 나에게 미안해서 떡 하나라도 더 준걸까.

진실이 무엇이든, 그때 끼니를 많이 챙겨줘서 고마워요.
덕분에 좀 컸어.

3

소시지 오마카세

이렇게 호흡을 길게 하는 글은 처음이다. 책을 쓰는 게 처음이니 아무래도 미숙하고 느리다. 출판사 대표는 아주 짧은 텀으로 마감일을 잡아놓고 '한 꼭지'씩 재촉을 해서, 요새는 작가들의 일상인 '마감 지옥'을 체험하고 있다.

한 챕터, 한숨을 써 내려가는 것을 작가들은 '한 꼭지'라고 표현한다. 꼭 소시지 같다. 나의 소시지 한 알은 생산해내는 데 오랜 시간과 많은 정성이 들어간다. 마치 독일의 부어스트 소시지를 수제로 만드는 것 같은 생산 공정인데, 대표는 내가 공장 비엔나소시지마냥 꼭지들을 퐁송 퐁송 뽑아낼 수 있다고 믿는 것 같다.

마감에 시달리며 나의 소시지는 부어스트보다는 가늘고 미니비엔나보다는 오동통하게 만들어지고 있다. 부디 맛있으면 좋겠다. 음식 이야기를 하니까 당장 먹고 싶은 음식이 있다. 바로 대구에 있는 〈제일콩국〉의 찹쌀 콩국이다. 따뜻한 콩국에 앙증맞은 찹쌀 토스트들이 동동 띄워져 나오는 찹쌀 콩국은 고소하고 은은한 단맛이 난다. 다 먹고 나면 몸이 담백하게 데워진다. 본디 나는 몸이 차서, 열병 나는 더위 속에서도 에어컨을 오래 쐬면 오한이 난다. 그래서인지 대구에서 만난 따끈한 콩국이 계속해서 생각난다. 서울에선 먹어볼 수 없는 음식이니 대구를 가던지 내가 만들어 먹든지 해야겠다. 가을이고, 날이 춥고, 사무실은 사막같이 건조하고, 따끈한 콩국이 먹고 싶다.

써놓고 보니 매끄럽게 모든 이야기가 음식으로 흘러간다. (내가 이 구역의 먹깨비라 그렇겠지) 지난날의 일기들을 살펴보니 나는 참 많은 사람과 상황들을 먹는 음식으로 비유를 해놓았다. 그래서 이번엔 지난 나의 맛있는 일기들을 이번 소시지 안에 채워볼까 한다.

오마카세 식사를 하러 가면, 장인 느낌 낭낭한 쉐프께서 자그마한 한 점의 음식을 내어주실 때마다 무엇으로 만들어졌는지, 어떠한 풍미를 느낄 수 있는지 설명해주시지 않나. 나도 나의 소시지 오마카세(?)를 시작하기 전 독자분께 미리 설명을 드려보고 싶다.

–

저의 소시지는 어떠한 비법이라던가 교훈을 전문적으로 시사하지 않습니다. 그러니까 이 한 꼭지를 먹음으로서 '사회초년생의 7가지 경제 관념 꿀팁'이라던지, '공기업 취업 방법'이라던지, '우울증을 극복하고 자존감이 높아지는 비법' 같은 걸 터득할 순 없을 겁니다. 하지만 모든 이에겐 다양한 이야기가 있고, 저 또한 저만이 거쳐 온 색다른 맛의 서사들이 가득합니다. 족집게 강의처럼 답을 외치지 않아도 제 서사를 통해 느끼실 다양한 여러분의 느낌은 분명히 답이 되고 메시지가 될 거라 생각합니다.

그러니 이 다양한 맛들을 부디 경험해주시면 감사하겠습니다. 합성 감미료가 첨가되지 않아 다소 삼삼하다 느끼실 수 있습니다. 하지만 간혹 읽는 분에 따라 어떤 코스에서는 기분 좋게 미소 지을만한 맛이 날 수 있고, 어떤 꼭지에서는 공감과 평온이 올라오는 맛을 느끼실 겁니다. 그럼 시작하겠습니다.

전통음식이 정통인 이유

회사생활을 하다 만난 어떤 애가 있다. 나는 이 친구가 취미가 뭔지, 어떤 생활을 하는지 전혀 알지 못한다. 딱히 스타일도 성격도 내 눈을 사로잡는 스타일은 아니었어서, 그냥저냥의 사무적 관계로만 지내왔다. 그런데 이상하게 요새 이 친구에게 맘이 간다. 함께하며 동지애를 느낀 점도 있지만, 대화 중 그 애에게서 본질적으로 멋있는 면을 느낀 것이 크다. 가진 것에 있어 겸손하고, 실천력을 가진 사람이었다. 투박하고 견고한 옹이 같았다.

그래서 그 친구는 어떨지 모르겠지만, 요새 내가 꽤나 치댄다. 최근 흑

당이니 뭐니 신메뉴들이 곳곳에 번쩍거리지만, 생각보다 인절미니, 식
혜니 하는 감자떡 같은 게 오래도록 사랑받지 않나. 그녀가 자신을 표
현한 이 글을 보면 기분이 나쁠지 모르겠지만, 너는 참 물리거나 버겁지
가 않다. 싸구려 치즈가 잔뜩 올라간 화려한 음식이나 빠르게 튀겨내어
버무려지는 음식보다는 천천히 빚어지고 찌워진 음식이 좋아. 너 좋아.

나도 그런 감자떡이 되고 싶어.

우유마을과 단무지

어제 오랜만에 친구 셈을 만났다. 갑자기 이번 공연에 투입된 나를 위
해 셈이 급하게 안무를 가르쳐주기로 했었다. 늦은 밤 연습을 하러 연습
실로 내려갔는데, 그 밤에도 집에 안 가고 연습한다고 남은 멤버들이 많
이 있었다. 회사생활을 하면서 몸도 마음도 팀에서 많이 빠져나간 나는
나의 옛 모습은 다 잊은 채 이들의 춤에 대한 열정을 신기히 여겼다. 하
지만 이들이 추구하는 맑고 뜨거운 에너지에 다시금 힘을 얻고 한껏 업
되었다. 참 오랜만에 느끼는, 트로피칼 감성이다. 나 늙었나부다.

연습 후 몸도 마음도 가벼운 스텝으로 연습실을 빠져나왔다. 밤공기가
땀에 젖은 티셔츠에 기분 좋게 와 닿았다. 아- 자타공인 예술가들은 뭐
라 생각할지 모르겠지만 예술을 하는 사람들, 내 테두리 안에 있는 이 우
유 같은 예술가들이 참 어여쁘다는 생각이 들었다.

왜 그런 거 있잖아. 옛날에 내가 좋아하는 어떤 분이 말해주신 건데, 그 분이 청년 시절 밴드 음악 한다고 열심히 하다가 결국 회사의 길로 빠지면서 함께했던 친구들에게 '너희는 음악 계속해, 나는 계속 지원해줄게.'라며 열심히 지원했었단다.

그 말은 내 마음에 찡하니 박혀있었는데, 나도 내 코가 석 자지마는 이 트로피칼한 우유들을 보고 있으면 어떻게든 지원해주고 싶다는 생각이 든다. 돌이켜보면 나의 어린 시절 또한 소중한 자신의 시간과 자원을 기꺼이 내어주셨던 분들로 인해 빛날 수 있었다. 이 싱그러운 집합체의 존속을 위해 누군가는 꼭 해야 할 일이지 않을까. 내 지분이 섞인 우유 마을이 갑자기 흩어져 버리는 건 원치 않기 때문에, 이 소중한 추억 덩어리를 포옥 안아야겠다고 결심했다.

셈 이야기를 쓰려 했는데 내용이 옆으로 샜다. 애초 하고 싶었던 말은, 셈이 많이 변했다.

그러니까 본질과 개성은 변한 게 없는데, 애가 마치 단물에 푹 빠진 무가 되었다. 몇 달 전까지는 가벼운 행동 변화라 생각했는데, 이제 보니 그 애는 완연한 단무지가 되어있었다. 참 신기한 일이었다.

[라고만 쓰면 출판사 대표는 독자의 입장에서 이게 무슨 소리인지 알 수가 없으니 명확한 표현을 해달라고 하겠지. 그래서 조금 어렵지만, 부연설명을 해보겠다]

다크한 예술을 추구하던 애가 밝디밝은 빛을 내뿜고 있달까. 시크하던 애가 갑자기 해바라기가 되었다. 그렇게 애살이 많아진 친구의 모습은 사랑스럽기 그지없었다. 그러니까 셈온 여전히 〈무〉이지만, 밝고, 기다리고, 노력하고, 견디는 〈단무지〉가 되었다. 그래서 나는 내가 담긴 그릇을 요리조리 관찰하기 시작했다. 단 무를 먹고 나니, 내 껀 너무 시더라구. 그 친구가 먹은 단물은 무엇이었을까.

셈은 사랑에 빠져있었다. 사랑같은 건 믿지도, 하지도 않을 것 같던 아이가 사랑에 푹 절여져 있었다. 성경에 보면 사랑은 오래 참고, 온유하며-모든 것을 견디느니라 는 내용의 사랑 설명서가 있는데, 셈의 모습은 정확히 그 사랑이었다. 정말 놀라웠다. 하긴, 도움을 요청한 적도 없는 우유 마을에 이유 없는 보안 의식을 가지고 있는 특이한 나도 있다. 여러분, 사랑이 이렇게나 강합니다.

몸이 허할 땐 카레

7월 초 중요한 사람들의 생일이 몰려있는 바람에
나는 이들이 섭섭지 않게 부지런히 돌아다녔다.
그 결과 내 몸이 허해진 것 같아.
금요일전까지 꼭 큼지막한 감자를 썰어 넣은 카레를 끓여
밥 한 솥 해먹어야겠다. 난 카레가 너무 좋아.
_ 2019.07.08.(월) pm10:23 블로그일기장

–

위 일기를 다시 읽어보니 맛있게 끓여냈던 카레가 떠오른다. 엄마가 담그신 김치를 얹어 먹었었다. 음식을 직접 만들어 먹는 것은 재미있기도 하지만, 요리하는 과정에서 치유받는 느낌을 크게 받는다. 실력이 매우 뛰어나지 않아도, 나를 위한 요리를 정성껏 만드는 것은 행복한 일이다. 더 나아가 내가 사랑하는 사람들을 위해 요리를 하는 일은 그 자체로 행운이다.

분위기도 맛도 좋은 식당에 가면, '다음에는 누구랑 꼭 와야지.' 하는 생각이 난다. 나는 대체로 엄마 아빠가 생각난다. 부모님을 위해 색다른 음식을 요리하는 건 즐겁다. 그래서 최근 부모님께 특별한 날, 고마운 이에게 선물 받은 마장동 소고기로 정성껏 스테이크를 해드렸다. 면을 좋아하는 아버지를 위해서 파스타도 함께 만들었다. 버터에 마늘과 야채를 볶다가 해산물을 잔뜩 넣고, 삶은 파스타 면과 토마토소스를 아낌없이 부어 보글보글 졸여가며 끓였다. 파스타면은 포크로 돌돌 말아 플레이팅 하면 참 예쁜 모양새가 된다. 이 위에 그라나빠다노 치즈를 강판에 갈아 눈처럼 소복이 쌓아 드리니 부모님은 아이처럼 손뼉을 치며 기뻐하셨다. 아, 행복해.
그래서 나는 늘 맛있는 음식을 대접하고 싶고, 대접받고 싶고, 할 줄 알고 싶다. 이런 성향은 분야에 상관이 없이 적용되는지, 나는 뭐든 좋은 게 있으면 하고 싶고 배우고 싶다. 또한, 관계에서도 매력적이고 존경스러운 사람들과 함께 있다 보면 그들의 면면을 스펀지처럼 쪽쪽 흡수해 버리고 싶다. 심리학자 매슬로의 5단계 욕구 이론에서는 하위단계의 욕구가 충족되면 상위단계의 욕구에 강한 열망을 느끼게 된다고 한다. 먹는다는 행위에서 결국 자아를 온전히 완성하고 싶다고 이어지는 결말은 과학이지 않을까.

그러니 우리 우선, 잘 먹읍시다. 내 몸에 어떻게 만들어진 재료가 들어가는지 기본적으로 알고 야물야물 천천히 드십시다. 그렇게 건강하고 맛있는 한 끼를 내게 대접한 이후엔 어쩐지 말, 노래, 메시지가 있는 모든 것들을 결정하고 내 몸에 들이고 싶을 거에요. 내 안에 들어온 것이 곧 내가 되니까요. 만들어나갈 삶은 앞에 가득히 펼쳐져 있고, 우린 앞으로도 수천, 수만 회의 식사를 앞두고 있습니다. 부디 좋은 것으로만 골라서 맛있게 드시길 바라요. 당신은 그럴 자격이 있는 사람입니다. 오늘의 소시지는 여기서 꼭지를 틀어 담아냅니다. 진심 가득한 소시지 오마카세였습니다.

_4_

알라딘보다 지니

많이 지치던 날이 있었다. 그날의 늦은 밤 나는 알라딘을 보러 갔다. 사실 알라딘과 황홀한 시간을 보낼 여유가 없는 날이었지만, 친구 밍기뉴가 알라딘을 꼭 보라며 끊임없이 예찬을 늘어놓고 있었다. 그래, 우리의 어린 시절 꿈과 희망을 상징하는 명작이지 않은가. 알라딘을 보러 가자. 오늘 같은 날 훌쩍 만나고 돌아오기 좋은 옛 친구 같았다.

영화관에 가는 일이 흔치 않은 내가, 혼자 영화를 보았다. 디즈니 영화 〈알라딘〉은 예상대로 영상미도, 캐릭터도 예쁘고 아름다웠다. 어쩐지 울고 싶던 나는 알라딘과 자스민이 양탄자를 타고 어홀뉴월(A Whole new world)을 외칠 때 감정을 주체하지 못하고 끅끅 울었다. (주책맞지만 나 말고도 몇 명 더 운 것 같으니 괜찮았던 걸로)

나는 왜 울었을까. 알라딘이 그토록 황홀했던 건 현실에선 도무지 불가능한 영원성 때문이었다. 어떤 영화보다도 디즈니의 공주, 왕자물은 극환상주의 사랑으로 화려하게 치장된다. 역경을 이겨낸 주인공들의 앞날은 불꽃들이 수놓는 밤하늘같이 벅차오르고 밝다. 나중에 그들 사이에 무슨 일이 생길지는 모르겠지만 우리는 거기까지 생각하지 않는다. 그 황홀한 순간에 멈춰서 알라딘과 쟈스민을 기억할 것이다. 나는 그 영원성이 동경스러웠어.

-

극 중, 왕자의 모습만 되면 공주를 만나 사랑을 이룰 수 있을 줄 알았던 알라딘은 뜻대로 상황이 흘러가지 않자 마음을 바꾼다. 지니의 요술을 이용해 자신의 본모습을 끝내 숨긴 채 공주와의 사랑을 이루려 한 것이다.

-나는 껍데기를 변화시켜주었을 뿐 네 속은 변한 게 하나도 없어,
알라딘. 진짜 문을 여는 건 네가 해야 해.
"난 아무것도 가진 게 없어 지니! 원래부터 거지일 뿐이라고.
계획을 바꿔야겠어."
-..너도 결국 똑같은 사람이구나.

결국 똑같은 사람. 결국 똑같은 사람이라는 말이 나를 쳤다. 너도, 나도. 결국은 똑같은 사람이구나. 우리는 결국 변하고, 너나 나나 우리는 결국 똑같다. 뭐 영웅 같은 사람 한 명쯤 있겠지만 대체로 우리는 비슷하며 똑같다.

하지만 희망적이게도 우리 모두에게는 뚜드려맞아 정신을 차리든, 혼자 깨닫든, 지키고 싶은 우리 안의 무언가가 있다고 생각한다. 옳은 길과 바른 마음. 조금 돌아갈지라도 나 자신을 천천히 쌓아 나가는 일들과 사랑을 위해 힘쓰는 것. 살아가며 자신에게 부끄러운 행동들로 번번이 실패할지라도, 디즈니는 그것을 결국 이뤄내는 것을 보여준다. 그래서 다들 디즈니를 사랑하는 게 아닐까. 눈이 아플 정도로 화려한 영화였지만 나는 심신에 큰 안정을 느끼며 영화관을 빠져나왔다.

캐스팅 직후 항간에 말이 많았던 윌 스미스의 지니 캐릭터는 예상외로 위화감이 없었다. 오두방정 떠는 가벼움과 흥도 지녔지만, 알라딘의 편에서 뭣이 중헌지 일관되게 알고 인도하는 인도자의 역할. 후반부 지 뜻만 고집하다가 악당에게 씨게 얻어맞고 정신을 차려버린 알라딘은 지니가 자유롭게 될 수 있도록 악당에게 도발을 건다. 알라딘의 재치로 자유롭지 못하던 램프의 요정 지니는 인간이 된다. 그렇게 소원하던 인간이 된 지니를 보며 나는 두 번째로 오열했다.

지니, 나는 네가 필요해. 요술은 필요 없어.
그냥 내 옆에만 있어줘.

진심으로 나를 생각하는 사람

아끼는 이를 위해 아무것도 할 수 없다는 것은 불행한 일이다. 내게 큰 능력이 없는 사유로 나는 얼굴을 파묻고 괴로워했다. 그러다 지난가을 나를 찾아왔던 림 언니를 떠올렸다. 오랫동안 함께 일했던 림 언니는 나를 많이 아끼고 챙겨주었던, 너무나 고마운 사람이다. 언니가 나를 찾아온 시기 나는 어떤 프로젝트를 하고 있었다. 그것은 내 인생에 있어 중요한 일이었지만, 나는 버거움에 일을 놓고 싶다며 언니에게 털어놓았다.

내가 열심히 한다고 해서 언니가 얻을 소득은 전혀 없다. 그런데도 언니는 내가 이 일을 왜 해야 하는지, 그 중요성들을 역설했다. 정말이지 나를 위한 말들이다.

정작 나는 언니가 계산한 팟타이를 야물야물 먹으며 이 핑계, 저 핑계로 말을 쳐냈다. 하고 싶으나, 하기 싫었다. 오기였다. 부정 섞인 내 대답을 듣고 언니가 나를 가만히 쳐다보았다. 날 위해 조언한 그녀가 화를 낼지, 포기해버릴지 가늠해보며 나도 언니를 바라보았다.

놀랍게도 언니는 조금 울었다. 꼿꼿하고 강한 림 언니가 갑자기 힘을 뺐다. 그녀는 진심으로 내 심경에 공감해주었다. 그리고는 딱 올해까지만 더 해보자며 내가 걸어갈 순서를 짜임새 있게 늘어놓았다. 달변가 타입이 아닌데, 이상하게 말에 힘이 있다. 그 힘은 닫혔던 내 마음을 열리게 하였다. 이번엔 골이 날아오는데 막을 수 없었다. 정말 이상한 사람이다. 진심으로 나를 생각하는 사람이다.

 그때의 나는 많이 외로웠나 보다. 내 수고를 인정받고 싶었나 보다. 그녀가 그렇게 내 마음을 폭 감싸 안아 준 후, 나는 훌훌 털고 일어나 정말 약속한 시기까지 일을 해냈다.
 내가 열심히 함으로 인해 소득이 있을 사람들이 따로 있다. 이들은 작년 말 한 명씩 빙 돌아가며 미지근한 말로 나를 다그쳐놓았다. 돈도 명예도 바라고 한 일이 아닌데, 내가 들인 시간과 노력이 날아와 나를 찔렀다. 깊게 팬 상처를 부여잡은 채 언니를 만나고서야 알았다.
 언니는 나를 사랑하는구나. 언니는 계속해서 내게 사랑한다고 말했었구나. 언니를 만난 후 돌아와 일기를 타닥타닥 적으며 생각한다. 사랑하지 않으면 아무 말도 하지 않아. 나를 다그친 모든 사람에게, 묻고 싶다.

정말로 나를 사랑하시나요.

-

 내가 좋아하는 책 해리포터에서는 주인공 해리포터가 죽음의 마법사 볼드모트와 맞서 싸우는 내용이 나온다. 너무 강한 죽음의 마법사를 상대하기엔 자신에게 능력이 부족하다는 해리포터에게 스승 덤블도어가 한 말이 굉장히 인상적이었다.

"너에겐 볼드모트에게 없는 무기가 있단다."

"네, 저는 사랑을 할 수 있죠. 그것참 대단한 무기군요."

이를 악물고 빈정거리며 대답하는 사춘기의 해리포터와 사랑의 위력을 알고 있는 자애로운 덤블도어. 이들 '모두'에게 나는 바닷물 같은 연대를 느꼈다. 서해든 동해든 결국 이어져 있는 하나같은 바닷물, 그 연대감이 출렁거리며 나를 덮쳤다.

그래서, 재간도 없고 달변가도 아닌 나지만 나도 '림 언니'가 되기로 했다. 다른 능력은 없지만, 볼드모트가 가지지 못한 엄청난 무기를 나도 가지고 있다고 생각하기로 했다. 사랑은 진심이 준비되지 않으면 약속한 자리에 나타나지 않았다. 그래서 나는 아끼는 이를 위해 간절히 기도했다. 준비되어야만 나는 말할 수 있다. 자격을 가지고 너를 만난다.

나는 아끼는 네게 옳은 길을 가라 한다. 옳은 길은 쉽지가 않아 응원하고 위로한다. 내 사랑, 나의 사랑하는 자야, 일어나서 함께 가자. 진심은 때로 눈물을 동반한다. 시원하게 웃는다는 말이 흔하지만, 시원하게 울 때가 있었다. 추우면 병이 와. 그러니 우리 꼭 붙어있자. 너는 약속한 자리에 나타난 것을 폭 안았다. 그리고는 힘을 내 내가 왔던 길로 함께 걸어 돌아왔다.

지니가 내 소원을 들은 게 틀림없다. 그는 정말로 요술은 필요 없이 내 곁에만 있어 주었다. 그 힘으로 문제가 해결되다니, 존재 자체가 마법일 수 있구나. 모든 것이 아름다웠던 귀갓길에 나는 내가 또 다른 지니가 되었음을 알았다. 지니의 몸이 되는 건 어렵지 않았다. 나는 지니를 원했다. 내 손을 잡아준 림 언니도 나를 만나기 전 지니를 만났을 것이다. 아니, 지니를 원했을 것이다. 내가 만난 너도, 곧 지니가 될 거라 생각한다.

A whole new world.

5

끝을 맞는 자세

친했던 개가 사라졌다. 개의 이름은 갑순이다. 어느 날 갑순이를 찾아가니, 짓궂은 꼬맹이들이 꼬챙이로 녀석을 쑤시고 있었다. 아이들은 나를 보고는 꼬챙이를 버리고 달아났다. 그날, 이 가엾고 병든 개를 하염없이 쓰다듬어주었다. 겁에 질려 차가운 흙바닥에 웅크려 있다가 나를 반기는 녀석을 보니 가슴이 미어졌다. 그래서 마침 가방에 있던 김밥을 꺼내 텅 빈 밥그릇에 떨궈주었다. 굶주린 갑순이는 김밥이 그릇에 닿기도 전에 게 눈 감추듯 김밥을 해치웠다.

그랬던 갑순이의 자리는 텅 비어있고, 웬 까만 새끼염소 한 마리가 그 자리를 차지하고 있는 것이다. 무심한 농부 아저씨는 그 개를 염소와 바꿨다고 했다. 내 낯빛이 확 어두워지자 아저씨는 슬그머니 내 눈치를 보며 더 좋은데 간 것이라고 중얼거린다. 하지만 내 보기에 녀석은 이제 아무 곳에도 없을듯하다.

시간 날 때 찾아가 더 쓰다듬어줄걸. 아저씨가 안 된다고 해도 산책시켜줄걸. 더럽든 치대든 가까이서 놀아줄걸. 그날 김밥을 남김없이 다 줄걸. 안 그래도 싫어하는 염소인데 더 싫어졌다. 그 눈도, 울음소리도 성격도 뭐 하나 맘에 안 든다.

—

숨이 붙어 있는 게 고통인 존재. 그런 존재에게 동정의 눈빛은 음식 한 점보다도 가치가 없다. 아니, 사람의 손길을 바랄 수 있다는 건 큰 희망일지도. 사람으로서도 어찌할 수 없는 영역으로 고통받는 것들은 또 얼마나 많은가. 또한 알고 보면 인간조차도 얼마나 유약한가. 마음과 몸이 병든 모든 이들, 힘들어 울던 나의 지난날들을 생각한다. 존재하는 것조차 힘겹던 갑순이의 부재를 내가 아쉬워할 자격이 있을까? 모르겠다. 뭐 하나 도움 줄 수 없었던 나를 알기에, 힘들어도 그저 살 만큼은 살아보자는 피상적인 말은 너무나 부끄러운 일이다.

우리는 너무나 유한하다. 생명도 유한하지만, 관계까지도 유한하다. 이 유한함으로 인해 나는 내가 할 수 있는 것이 없다고 생각한다. 아무것도 내 뜻대로 할 수 있는 건 없다.

이건 패배론적 관점 같지만, 한참을 그 패배감에 눌려있다가 생각해보니 모든 존재하는 것들의 숙명이지 않을까 싶다. 무한하고 끝이 없을 관계는 아마 내가 믿는 신과의 관계뿐이겠지. 유한한 우리가 언제 끝을 맺을지 모르겠지만 그게 어떤 형태의 끝이든, 만남의 본질과 사연을 귀하고 즐거이 기억하는 게 중요하지 않을까. 만나는 순간만큼은 끝이 생각나지 않을 정도로 즐거움의 밀도가 높은 관계들, 이것이 행복인 것 같다.

살아오며 만났던 정말 좋았던 관계들의 끝은 아쉬움과 슬픔을 넘어 나에게 남겨준 무언가가 있었다. 이전 글에서, 알라딘과 자스민의 사랑과 그 영원성을 동경했다며 눈물지었다만 우리가 일상에서 그렇게 코끼리 타고 폭죽을 터트려대지 않아서 그렇지 우리에게도 그러한 순간들은 매번 찾아온다. 끝을 맞더라도 그 좋았던 순간을 기억하며 미소 지을 수 있다면 실로 아쉽지만 아름다운 끝맺음이겠지. 꽃이 지는 순간이 아름다운 것처럼 말이다.

나의 할아버지들

관계의 끝에 대한 이야기를 하다 보니 나의 할아버지들에 대한 이야기를 안 할 수가 없다.

지난 19년도 설날, 등촌동 친할머니댁에 방문했다. 어릴 때부터 할머니 댁에 방문하면 아파트 단지 앞에서 말없이 담배를 태우고 계시는 친할아버지를 제일 먼저 만날 수 있었다. 하지만 이번엔 아니었다. 그 정정하시던 할아버지께서 곧 돌아가셔도 이상하지 않을 모습으로 환자 침대에 누워계셨다. 할머니 댁은 넓지 않았기 때문에, 거실 한쪽에 할아버지의 침대가 놓이고 우리는 모두 그 옆에 밥상을 차렸다. 할아버지는 고통 속에 이따금 신음을 토해냈다. 그 힘겨운 소리는 TV 소리에 묻혀 거실에 퍼지지도 못했다. 할아버지가 끼던 틀니는 물이 담긴 컵에 들어있었다. 우리가 식사를 시작하자 할아버지도 배가 고프다고 하셨고, 어른들은 죽이나 연한 명태전을 할아버지의 입속에 떠 넣어드렸다. 그리고 모두가 목청을 높여 대화하고, TV를 시청했다. 이 익숙한 명절의 풍경 속에서, 삶과 죽음의 간극이 한눈에 담겨 들어왔다.

나는 틈틈이 냉동실 안의 ABC 초콜릿을 꺼내 잇몸뿐인 할아버지의 입속에 넣어드렸다. 그리고는 꼭 자주 오겠노라고 기약 없는 약속을 했다. 밤이 되어 집을 향해 나설 때, 뒤따라 나온 할머니를 꼭 안아드렸다. 할머니 짧은 복도를 걷고도 가쁜 숨을 몰아쉬며 두툼한 난간에 기대앉으시고는 목소리를 낮춰 말씀하셨다. "너 좋다는 남자 있으면, 더 늦기 전에 얼른 붙잡고 시집가. 언제까지 여 있을 거냐. 너는 여길 떠나야지." 그리고는 얼른 가라는 듯 손을 휘휘 내저으셨다.

안광이 세고 언성이 높은 할머니를 반평생 무서워했지마는 할머니의 기가 많이 노쇠해진 것이 눈에 띄게 보였다. 그 손짓과 말투에 마치 '나는 틀렸어, 너 먼저 가'라는 영화 대사 같은 절박함과 암담함이 묻어났다. 어쩐지 몸이 안 좋던 나는 집에 돌아와 변기를 부여잡고 밤새 토하기를 반복하며 연휴 내내 누워있었다.

1년이 지나 올해 2020년 1월, 할아버지의 영혼이 육신을 떠났다. 나는 그때 죽은 사람을 처음 보았다. 영혼이 떠나고 남은 육신의 얼굴, 세월의 흐름만큼 자글자글 주름 잡힌 얼굴에서 어떠한 이질감도 들지 않았다. 할아버지는 내가 아는 모습 그대로 몸에 딱 맞는 사이즈의 관에 들어갔다.

　이리도 아무 일 없을 수가. 나는 그 담담함에 울었다. 그는 떠났으나 집안도 세상도 잘 돌아간다. 심지어 그의 죽음을 애도하러 온 모든 이들에게 나누어 줄 육개장까지도 별일 없이 팔팔 끓는다. 파도 같은 인생. 파도같이 밀려오고 파도같이 밀려가고, 변함없이 파도는 철썩거린다. 나는 이 간극이 가끔 몸서리쳐진다. 우울하다고 하기에도, 무섭다 하기에도 걸맞지 않은 이 너울거리는 감정은 왜였을까? 앞서 말한 유한함에 대한 나의 반항이자 몸부림이지 않았을까.

　할아버지를 위해 오래 슬퍼할 시간도 없이 피곤하고 바쁜 장을 치렀다. 그가 떠나면서 내게 남긴 것은 하나 없었으나, 일을 치르고 나니 소소히 얻은 것들이 있었다. 나는 마치 파도가 밀려 나간 곳에서 건진 소라처럼 그것들을 소중히 간직하기로 했다.

－

　시간이 지나 여름이 왔다. 올해 8월의 볕 속에서 이번엔 외조부를 보내드렸다. 친조부가 1월에 가셨는데, 외조부는 8월에 가셨다. 애도의 마음을 깊이 가지면서, 좋은 곳 가셨을 거라 생각했다. 친조부와 마찬가지로 아프고 괴로운 육신을 떠난 할아버지가 지금은 자유롭고 편안하실 것이다. 화장터에 도착하여 멍하니 할아버지와 함께했던 시간을 떠올리다 호출을 받고 내려갔다. 거기서 나는 타고 남은 뼈만 남은 외할아버지를 보았다. 또래로 보이는 어리고 젊은 장례지도사는 능수능란하게 뼈를 분대며 치아 장치를 골라내고, 할아버지를 가루로 만들어 단지에 넣었다. 유골함은 유리창을 넘어 우리에게 건네어졌다.

한 줌 흙으로부터 와서 한 줌 흙으로 가는 인생.
두 할아버지를 한 해에 보내드리고 집에 돌아온 이 시점에서, 나는 또 헛헛해졌다.
다음 날 저녁, 우연히 제이어스의 찬양 〈여호와께 돌아가자〉를 듣게 되었다. 물끄러미 앉아 찬양을 듣던 나는 갑작스럽게도 정말 돌아가야겠다는 결심이 들었다. 그래서 밤 9시에 뛰어나가 교회로 달려갔다. 온라인예배가 진행된 후 발길이 끊긴 건물에 6개월 만에 내 발로 찾아가다니. 아무도 없는 건물이었지만 방역수칙을 지켜 텅 빈 예배당에서 기도하고 왔다. 교회를 이렇게 오래도록 안 가본 게 처음이라 자유롭다 하던 나지만 여러 친구를 접하며 우리의 난절한 신앙의 주소를 확인하고 나니 역설적으로 나는 회개를 하고 싶고, 교회에 가서 기도가 하고 싶어졌다. 아직 나는 나를 묻을 준비가 안 되었었는데, 묻히는게 죽도록 무서워서였다. 조금은 준비됐다.

6

이 자리를 빌려
감사의 인사를 드립니다

준 것보다 받은 것을 잘 기억한다. 대체로 나는 마음에서 우러나와 순
간순간 베풀고, 소중한 시간을 내어주었던 모든 것을 낱낱이 기억하며
살진 않는다. 베풂은 우리의 마음을 수채화처럼 연하게 물들여놓는다.
한 번의 붓질로는 색이 쨍하니 나오지 않는 수채화. 그 시간이 반복되
어 오색 빛이 내 안을 빈틈없이 채워나갈 것이다. 내겐 그 색의 하모니
가 중하다.

어제 누군가와 대화를 하다가, 인생에서 인상 깊게 누군가를 도운 기억
이 있냐는 질문을 받았다. 음, 끊임없이 도움의 손길을 내밀며 산 것 같
은데, 선뜻 입이 떨어지지 않았다. 그래서 잠시 머뭇거리자, 상대가 이
번엔 도움받은 기억에 관해 묻는다.

오! 나의 도움 받은 모든 형태를 설명하고자 하면 이번 장이 차고 넘치도록 쓸 수가 있다. 그래서 결심했다. 연예인들이 작품을 하거나 음반을 내면 땡스투를 적으며 감사한 사람들에게 마음을 표현하듯, 나도 이 마지막 장을 그렇게 감사함으로 장식해보아야겠다.

뭐, 내가 아주 대성하여 쓰는 글이 아닌지라 조금 민망하긴 한데. 문제를 해결해줄 의향이 있는 좋은 사람을 만나서, 혹은 운이 좋아서 상황이 잘 풀려나간 모든 나날들. 내 지나간 시간에 감사하는 마음으로 기억에 남는 과거사 하나를 몇 자 적을까 한다.

길을 잃었을 때 만난 사람들

2003년 여름, 찌는 태양 아래에서 나는 도쿄의 주택가 언저리를 헤매고 있었다. 무슨 패기인지 홈스테이 가정의 자전거 하나만 달랑 끌고 마트를 향해 나섰는데, 이상하게 전날 홈스테이 아주머니와 함께 갔던 마트가 보이지 않았다. 설상가상 되돌아가는 길까지 잃어버렸다. 어린애 눈에 다 그 집이 그 집 같은 미로 속에서 아까도 지나고, 두 번째도 지났던 노오란 해바라기정원을 또 만났을 때 나는 자전거에서 내려 이대로 국제미아가 되는 건가 하며 울먹울먹 울음을 터뜨렸다.

한참을 끅끅대며 서 있었지만 지나가는 사람들은 아무도 말을 걸어주지 않았다. 그래서 용기를 끌어모아 지나가던 아주머니에게 말을 걸었다. 서로의 말을 알아들을 턱이 없었으나, 그렇게 어찌어찌 그 마음씨 착한 아주머니 덕에 무사 복귀할 수 있었다.

그 아주머니도, 홈스테이 가정집의 아주머니도, 아주머니 딸 유리 언니도, 언니가 준 이누야샤 만화책도 내가 소중히 여기는 기억이다. 하지만 지금 일본을 떠올리면 그 무엇보다도 시각적으로 생생하게 家(いえ)라는 단어가 떠오르고, 주택가 가운데 큰 해바라기밭이 떠오른다.

이 어린 날의 기억은 아주 특별하다 할 수는 없는 사건이지만 나의 어린 시절 저장소에 화석처럼 박혀있다. 도무지 내 능력으로 어찌할 수가 없어서 어디로든 내딛지 못하고 우두커니 서서 울던 기억. 그런 일이 무려 3년 전에 또, 동일하게 일어났다. 다 커서 말이다.

2017년의 어느 날, 나는 갈 곳이 없었다. 이게 비유가 아니라 정말로 돌아갈 곳이 없어 퇴근길 사당역에서 정처 없이 이수역까지 걸어갔다. 나는 그때 다리가 아파 마사지가 받고 싶고, 배도 고프고, 잠도 쏟아졌는데 당장 사우나를 갈 여비도 안 되어 막막해했다. 바닥만 바라보며 걷는 눈에서 눈물이 하염없이 쏟아졌다.

그때 운명처럼 누가 내 이름 석 자를 크게 불렀다. 함께 팀 활동을 하던 연꽃 언니였다. 그 연고 없는 동네에서 나를 발견하고 반갑게 소리친 언니는 내 눈물 젖은 얼굴을 보고는 눈을 휘둥그레 떴다. 아- 그 순간이란! 지옥 바닥에 떨어진 나에게 천사가 찾아온 기분이었다.

언니는 우는 나를 카페에 데려가서 음료를 먹이고, 두서없는 내 이야기를 들어주고, 집으로 데려가 본인의 잠옷을 입혔다. 그리고 벽 귀퉁이의 마사지 기계를 꺼내주며 "나는 밤마다 이 마사지기를 하고자! 너도 해볼래? 다리 붓기도 풀리고 진짜 시원해!"라며 까르르 웃고는 샤워를 하러 갔다. 마시지 기계가 내 다리를 돌돌 굴러 쪼매는 동안, 나는 '내가 믿는 신이 정말로 나 때문에 꽤나 걱정을 했나 보다'라고 생각하며 계속 울었던 것 같다.

그때의 연꽃 언니는 내게 나타난 하나님이었다. 올해 거짓말처럼 내 옆에 있는 이들도 홀연히 나타났기에, 다소간에 힘들어도 나는 도무지 만날 수 없는 곳에서 기적같이 만난 이들을 신이 대신 보낸 것으로 생각하고 있다. 마음속으로 신을 간절히 찾았던 것은 신과 나만이 아는 사연이니까. 내가 믿는 신, 나의 하나님께 온 마음을 다해 감사의 인사를 드립니다.

더불어 내게 사랑과 도움을 쏟아주신 모든 고마운 분들 -선생님, 나를 아껴주고 사랑해주신 부모님, 가족같은 언니들, 친구들, 선배님들, 아끼는 동생들- 이 모든 분들께 감사의 인사를 드립니다.

레버를 돌릴 수 있는 조건

땡스투를 쓰겠다며 생각해보니, 내가 이렇게 사람답게(?) 잘 살게 된 데에는 수많은 사람과 신의 도움이 있었다. 원고 자리가 부족해 다 쓸 수 없는 굴곡과 감사로 채워진 삶이다. 나는 나의 신이 내 기도를 들으시고,

나의 노력의 잔이 어느 정도 차고 넘치는 때를 기다리다가 내게 손을 대주셨다고 생각한다. '노력 없이 기도만 했더니 글쎄, 신이 이렇게나 다 해주셨어요!^^' 라는 간증을 하고 싶은 게 아니다. 갖추고 노력하는 것은 기본이다. 하지만 도움은 어디에서 올지 모르며, 심지어 원수를 통해서도 도움과 기회가 왔다.

그래서, 감사의 이야기를 담는 장이니 마지막으로 내 삶에서 가장 중요한 법칙인 〈감사〉 이야기를 하려 한다. 나에게는 도무지 감사할 일이 없을지라도 감사해할 때, 감사할 일들이 생겼다. 마치 랜덤 뽑기를 드륵 드륵 돌리면 굴러 나오는 공 같은 행운이었다. 물론 신께서는 행운의 뽑기 통을 가져다만 주시고, 레버를 돌리는 수고는 내가 해야 했지만, 그 최소한의 노력으로 행운을 누릴 수 있다니!

삶에 감사해하는 순간들이 레버를 돌릴 수 있는 동전 한 닢의 조건이 되는가 보다. 앞으로도 꾸준히 감사를 내 인생의 문제를 푸는 키로 생각하고, 기록하며 살아야지.

이 글을 읽는 당신도, 평범한 듯한 그 일상을 기록하며 감사를 찾는 순간 특별함을 발견하게 될 것이라 생각한다. 삶이 특출나서 글로 남는 경우는 옛말이다. 우린 모두 다른 모양의, 하나뿐인 생애를 살고 있으니까! 살아있어 아름다운 삶이다. 그 작은 것에 감사하는 순간 더 큰 감사를 깨닫게 된다. 자, 그러니 우리 오늘의 하루를, 생각을. 목표를, 감사를 적어보자구요.

그렇게 님들에게도 행운의 공이 또르르 굴러 나올 것을 나는 알고 있다. 그 힘을 받게 되면 열심히 뛰어가야지, 그새 주저앉아 또 레버를 돌리고 앉아있으면 못 써용.

#동전이없으면안나오거든요

신조있게 살자

—산죠

Light on :
널 향해 가는 빛

작가 / 박재진

안녕하세요? 저는 박재진 이고요.

그냥 여러분과 간단하지만 깊게 얘기하고 싶었어요. 가감없이 몇가지 저의 삶을 담아봤습니다.

모두 프리즘을 한 개 씩 가지고 있다고 생각해 봅시다! 여러분의 프리즘으로 저의 빛에서 여러분

만의 빛을 확인하시길 바랄게요. 그 빛을 다리삼아 앞으로 나아갑시다!

만나서 반갑습니다. 출발할게요.

Light on : 널 향해 가는 빛

1

이건 시작이야

학교 같은 사회적 기준이 되는 곳에서 하는 얘기들은 다 쓰레기다. 그것은 전형적이고 진부하기 때문에. 전형적이고 진부한 것은 인생에 생동감을 불어 넣어줄 수 없다. 그런 학교에 간다는 것 또한 내가 선택한 것이 아니다. 내가 선택하지 않았다는 이유 하나만으로 인생의 지루함은 극대화된다. 당신은 인생의 의미를 어디에서 찾는가. 어디에 목적이 있는가. 이건 질문이 아니다. 같이 한 번 생각을 해보자.

나는 내가 하고 싶은 대로 하고 살 것이고, 원하는 것을 이룰 것이다. 그런 게 어디 있냐고? 여기 있네. 나는 선천적으로 틀을 부수는 걸 좋아했고 놀이로 삼았다. 규칙에 얽매이지 않는다. 인생에 정해진 건 없으니까. 그렇다고 '학교라는 감옥에서 교복이라는 죄수복을 입고... 어쩌고 저쩌고' 하는 중2병 환자는 아니다. 학교의 이미지가 기존성이 강하기에 표현의 제물이 되었을 뿐 난 학교를 싫어하지는 않는다. 오해는 하지마 시길. 차라리 꼰대라고 할 걸 그랬나? 그랬다간 1500만 꼰대들의 공격을 받게 될지도 모른다. 더 웃기는 건 대다수의 꼰대들은 본인을 꼰대라고 생각하지 않는다는 것. 꼰대라고 표현 했어도 안전했을 듯싶다.

나는 운전 중에 중립기어를 넣지 않는다. 오로지 Parking 하거나 Drive 한다. 나는 차갑거나 뜨겁기만 할 뿐이다. 그렇지만 글을 쓰는데 만큼은 중립성을 지키려고 노력했다. 그 노력이 얼마나 비칠지는 미지수이지만, 내가 노력한 만큼 알아주시리라 믿어 의심치 않는다. 한 가지 생각으로는 세상을 잘 살 수가 없다.

인생 자기 하나 만드는데도 한 가지만 생각해서는 성공할 수 없다. 내 경험과 생각들은 한 가지 방향으로 가지 않는다. 기존성은 부숴야 하지만 항상성은 유지되어야 한다. 기성세대는 신세대에게 자리를 내줘야 하지만 그들이 있기에 신세대가 꿈을 펼칠 수 있었다는 것. 다 상황에 맞게 하는 게 중요하다는 얘기다. 내 경험과 생각이 누군가의 빛이 되고 표지판이 될 수 있다면, 더할 나위 없이 좋을 것이라 생각하며 글을 써 나갔다. 나는 궁극적으로 세상이 행복해지길 원하기 때문이다. 그런 의미에서, 어떨지는 모르겠으나 선물을 준비했다. 작지만 나의 것이 당신에게 도움이 된다면 마음껏 써주길 바란다. 우리의 완성을 위해.

I don't wanna be a good boy, I just want right boy

Shall we? Let's go

_2_

정해진 건 없다

인생은 개척해 나가는 걸까? 아니면 정해져 있는 것일까? 이 주제는 많은 사람들이 끊임없이 생각하는 난제일 것이다. 나는 이번 글을 통해 명쾌한 해답을 제시하려 한다. 그 질문에 대해 내가 내린 답은 본인의 '선택'으로 인해 '정해진' 인생을 사는 것이다. 오롯이 본인의 선택에 달렸다는 것이다. 정말로 그 이상의 것이 없다. 적어도 내가 살아온 바로는 말이다.

오스카를 수상한 봉준호 감독은 "가장 개인적인 것이 가장 창의적이다."라고 말했다. 그 말에 전적으로 동감한다. 그 말이 어디에서 기인하는가 생각해보면 오스카를 타게 해준 영화 기생충과 그 전의 본인의 입지를 다지게 해준 영화들 모두 자기 자신의 경험과 생각에서 만들어진 결과물이라는 것에서 나온다. 봉준호 감독의 개인성은 부와 명예를 가져다 주었다. 그러한 개인의 독창성, 본인이 선택한 인생을 살아갈 것 인가에 대한 결론을 얘기하기 위한 필수적 요소에 대해 이야기해보려 한다.

최고의 가치는 독창적인 개인이다

한 사람의 인생의 가치는 당연히 정의할 수 없지만, 독창성 있는 개인의 경험과 지식은 부와 명예를 가져다줄 수 있을 만큼 그 가치가 크다. 인생의 개인성은 환경과 외부의 요인으로 휩쓸려갈 때 생기는 것이 아니다. 인생을 개척하고 선택하며 도전하고 시도하는 자신의 선택이 매일 매일 더해져 갈 때 그러한 개인성은 만들어지며 더욱 가치 있고 창의적인 삶을 살게 해준다.

여기에서 내가 개척한 삶을 이야기하기엔 시기상조라고 생각한다. 크기만 다를 뿐 맥락은 같기 때문에 조금은 더 어릴 때의 이야기를 하고자 한다. 나는 어릴 때부터 운동을 좋아했다. 아버지가 고등학교 때까지 유도를 하시기도 했고, 축구를 좋아하셔서 항상 EPL(영국프로축구리그)를 보시면 그 옆에서 같이 봐왔다. 내가 운동을 좋아하게 된 이유는 가정적 분위기가 가장 크게 작용했으리라 본다.

본인이 싫으면 안 하는 건데도 나는 운동이 좋았다. 초등학교에서도 방과 후 활동은 무조건 축구와 야구동아리를 했다. 매 여름 방학이면 수영장을 다니면서 수영을 배우고 초등학교 3학년 때부터 매 겨울마다 스키장에 가서 스키를 배웠다.

처음으로 내 눈앞에 놓여진 선택지

성장을 할수록 인생에 더 영향을 미치는 선택들을 해야 한다. 중학생이 됐을 때도 역시 항상 체육부장에 각종 스포츠 동아리에 들었고, 학교를 대표해서 체육수업연구 발표대회도 나갔다. 사족이지만 그때 발표한 수업이 지금은 유명하지만 그때는 생소했던 크로스핏이었다. 그때가 무려 10년 전이다. 한국의 크로스핏 시초가 그때 당시 우리라고 조심스럽게 주장해 본다. 어쨌든 그런 중학생 생활을 하면서 고등학교에 진학할 때가 됐고 그때 난 선택해야 했다.

어떤 학교를 가야 할까. 그때 난 실업계 고등학교는 갈 생각조차 하지 않았다. 지금은 분위기가 다르지만 당시에는 '실업계는 공부 못 하는 애들만 가고 가면 인생 망한다.'는 말이 공연히 돌았다. 그리고 조금 이상한 이유지만 이름도 실업이라 졸업을 해도 그냥 실업을 할 것 같았다. 근데 정말로 저렇게 믿었다. 그렇다면 인문계는 어떤가. 가면 아침 8시에 등교해서 이름이 '야간 자율학습'이라는 자율이 아닌 학습을 하며 저녁 9시까지 3년 동안 공부만 해야 했다.

심지어 체육 시간은 일주일에 많아도 2시간이라는 얘기를 들었다. 끔찍했다. 학교나 공부가 인생의 방향을 결정하지 않는다는 건 지금은 모두가 알고 있지만 중학생일 때의 나는 그런 경험은 아직 부족했다. 1차적으로 어떠한 방향이 될 수 있는 고등학교 진학이라는 선택을 해야 했다. 둘 다 너무 싫었다. 실업계는 그 이상한 이유, 인문계는 내 인생에 운

동이 없어진다니 그런 일은 있을 수 없었다. 이 상황에서 무슨 선택을
할 수 있었을까?

온전히 나의 선택으로 결정된

하늘이 무너져도 솟아날 구멍이 있다고 했던가. 연구 수업 발표대회 지
도교사였던 체육 선생님이 생각지도 못한 곳을 소개해 주었다. 당시 MB
정부 때 예체능 공교육 발전을 위해 인문계고등학교 중 몇 개를 미술 •
음악 • 과학 • 체육 각 분야를 중점적으로 하는 학교로 선정한 사업이 있
었다. 체육 중점학교는 3곳이 있었는데 다행히 내가 사는 부산에 한곳이
있었다. 우리 집에서 버스를 타고 1시간이 걸리는 곳이었다.

그 학교를 가면 하루종일 공부만 안 해도 되고 내가 좋아하는 운동
을 할 수 있다는 얘기를 들었다. 나는 '와! 미쳤다! 갈래!' 라고 생각했
고 그 학교를 선택했다. 그렇게 마음먹고 담임선생님과 부모님에게 말
씀을 드렸다. 부모님 세대에서는 체육과 관련된 직업을 가졌다고 하는
게 무식하다고 인식이 되었던 터라 반대를 하셨다. 당시 성적도 특목고
를 제외하면 어떤 학교든 합격할 수 있을 정도였기에 더 그런 반응이 있
었던 것 같다.

하지만 내겐 전 세계 사람들이 건강한 삶을 살게 하겠다는, 대한민국
학생들이 책상에만 앉아있는 인생을 살게 하지 않겠다는 사명감 적인 꿈
이 있었다. 정확하게 어떤 일을 통해 이룰 것 인가에 대해서는 정하지 않

앗었지만, '체육 쪽으로'라고 생각하고 살던 중 첫 번째 반대를 맞이했다. 내가 좋아하는 건 운동이었고 성장하면서 내 꿈과 동시에 체육 관련된 진로 외에는 생각하지 않았던 나에게는 그런 반응은 놀랍기만 할 뿐이었다. 그래서 어떻게 됐을까? 결론부터 말하자면 결국 내가 하고 싶은 선택을 했다.

🌠 내가 결정한 인생을 살기 시작했다

그것은 선택한 인생이 가치 있다는 말을 지키기 위한 선택이 아니었다. 내가 선택해서 삶의 방향을 정했기 때문에 가치가 있게 된 것이다. 언제나 그 말 자체를 지키기 위해서 하는 일은 의미가 퇴색된다. 행동의 결과가 그 말 자체가 되었을 때 진정한 의미가 있는 것이다. 내 의지는 확고했고, 부모님께 고등학교에서의 계획을 일목요연하게 말씀드렸다. 내 의지를 느끼셨는지 부모님도 허락해 주셨다.

결국 나는 내가 가고 싶은 학교에 갔다. 내가 결정한 인생을 살기 시작한 것이다. 자기 인생을 남이 아닌 자신이 선택하는 것은 어찌 보면 당연한 것이다. 그러나 많은 요소들이 그렇게 하지 못하게 만든다. 자신을 가두고 잡아두고 멈추게 하는 정해진 것들을 부수고 이겨내서 멈춰있지 않는 살아있는 삶, 스스로 선택한 새로운 길을 가야 한다. 그런 삶이야말로 삶에 끊임없이 독창성을 더하고 가치를 높여나가 가히 아름답다 말할 수 있는 인생을 사는 것이다. 그리고 그러한 삶을 통해 독창적인 개인

성이 생기게 된다. 많은 사람이 '개인적'이길 바라며 나는 오늘도 새로움
을 추구하며 내 삶을 개척해 나간다. 정해진 건 없다.

3

내일내한 : 내 일은 내가 한다

우리 어머니는 참 똑똑한 사람이다. 결과적으로 봤을 때 경제적 자립심이 뚜렷한 나를 보면 확실한 증명이 된다. 어머니가 어릴 적부터 자주 하는 말이 딱 2가지가 있었다. '그런 건 자기 돈으로 하는 거다.' 와 '스스로 하는 게 의미가 크다. 네 일을 네 돈 모아서 하는 게 의미가 있는 거다'였다. 어머니가 그런 말을 한 이후 어느 시점부터 나는 내돈으로 내가 할 것들을 했다.

맞다. 그런 교육, 어머니의 미래를 내다본 속삭임은 순수한 나를 완전히 홀려버렸다. 그 덕분에 13살 때부터는 매년 갔던 스키캠프도, 우리집 보일러도 내 돈으로 가고 사고 고치게 되었다. 어릴 때 얻을 수 있는 최고의 수입원이었던 세뱃돈으로 말이다...

내가 정기적으로 받은 용돈은 초등학교 6학년 때 일주일에 3천원을 딱

3주 동안 받았던 게 마지막이었다. 그 이후엔 정기적인 용돈을 받은 기억은 없다. 그마저도 내가 일주일에 3천원을 다 쓴다고 과소비(?)를 한다며 어머니는 용돈을 끊었다.

어찌 됐든 어머니의 현명하고 지극히 경제적인 속삭임은 성공적으로 집안 경제에 큰 보탬이 됐다. 나는 집안을 일으키고 (보일러로), 어머니는 좋은 곳에 돈을 쓰셨을 것이다. 오해는 없으시길 바란다. 그 돈들은 결국 나에게 다 돌아왔을 것이다. 부모님들이 아낀 돈은 결국 나를 위해 쓰신다는 걸 잊지 말자. 어쨌든 참 똑똑하신 나의 어머니다. 우리 어머니는 비행기를 한번 타면 조금 많이 올라가기 때문에 이에 대한 언급은 이쯤 하겠다. 착륙은 하셔야 하니까. 사실 나는 정말 좋아서 이 얘기를 꺼냈다. 그런 사연들 덕분에 이런 경제적인 자립심이 생겼다. 그뿐만 아니라 모든 것에 대해 내가 해야 할 것들은 반드시 해내는 인생의 자립심이 생겼다.

스스로 할 수 있는 것들을 만들어나가다

나는 혼자서 할 수 있는 것들이야말로 온전한 자신의 역량이라 생각했다. 그래서 나는 나의 역량을 키우는 데 관심이 많았다. 스스로 할 수 있는 것을 늘려가길 원한다. 식당에서 주문을 못 하는 친구들이 있었다. '근데 그걸 왜 못해? 할 줄 알아야지' 하며 더 씩씩하게 주문했다. 버스도 11살 때부터 수영을 배우러 다니기 위해 혼자 타고 다니기 시작했다.

그 나이에 혼자 대중교통을 이용하는 게 그렇게 빠른 것도 아닐 수도 있지만 나는 빠르다고 생각한다. 이제 갓 10살을 넘긴 나이였다. 병원도 혼자 가고 학교에서 선생님과의 소통은 부모님에게 맡기지 않고 내가 직접 했다.

대학생이 되고 1학년 여름방학 때 나는 유럽으로 배낭여행을 갔다. 그 때 무조건 배낭여행을 가는 게 내 위시리스트였다. 그 이유는 '유럽여행을 가고 싶다.'와 '스스로 할 수 있는 일의 범주를 크게 키우는 것'이었다. 항공권, 숙소, 식사, 교통, 일정 등 모든 예약과 발권을 직접 했고 25일간의 여행에서 살아 돌아왔을 때 확실한 자신감이 생겼다. 그렇게 내가 할 수 있는 일들을 늘려나갔다. 나는 사람이 나이로만 산다고 생각하지 않는다. 얼마나 만들어져 있느냐, 능력이 얼마나 있느냐가 그 사람의 위치를 결정한다. 물론 인격도 능력에 포함된다. 인격이 훌륭한 사람은 나이가 자신보다 많든 적든 무례하지 않을 것이다. 존중받을 만큼의 능력이 있는지의 여부가 나이보다 앞서는 것이다. 그래서 중요한 건 나의 역량이다.

스스로 할 줄 알아야 도움도 받을 수 있다

내 일을 내가 하려고 하는 것은 아주 좋은 것이다. 그리고 남의 도움 없이 혼자만의 힘으로 해내는 것은 내가 생각했을 땐 세상에서 가장 멋진 일이다. 그렇다고 해서 혼자만의 힘으로 세상은 살아갈 수 없다. 세상엔 혼자 할 수 없는 일이 있고, 누군가의 도움이 필요한 일 또한 존재한다는 것을 잊지 않아야 한다. 그래도 자기 일을 자기가 해내려고 하는 것은 순수한 본인의 능력을 최대로 높일 수 있는 방법이다.

자기 자신의 능력이 높을수록 더 다양하고 많은 사람의 도움을 받을 수 있다. 할 수 있는 게 많지 않으면 하는 일 자체가 작아지고 그러면 도움 받을 일도 별로 없다. 반대로 할 수 있는 게 많으면 그만큼 다양한 일을 할 것이다. 다양한 분야에 다양한 일을 하는 만큼 그 분야의 사람들을 만나 내가 하지 못하는 것이나 도움을 받아 더 원만하게 일을 할 수 있게 된다. 도움을 받는 것은 나의 무능함을 보여주는 것이 아니다. 도움을 받는 건 99에 1을 더해 100이 되는 게 아닌 얇은 100을 굵은 100으로 만들어 주는 것이라고 생각하면 쉬울 것 같다. 결국 내가 가진 100을 굵게 하는 게 중요하다.

일단은 스스로 해내자. 나 자신의 능력을 최대로 키우고 할 수 없는 건 없다는 믿음을 스스로에게 느낄 만큼 성장하자. 실력이 있어야 믿음이 생긴다. 자신에 대한 믿음 또한 자기가 실력이 있어야 생긴다. 자신을 만들고 온전하게 하고 실력을 키우는 요소는 여러 형태가 있지만 그중 하나는 자립심에서 출발한다. 내 것을 내가 하려고 하고 해낼 만큼 성장 시키는 것 스스로 하려는 마음. 이렇게 나는 어린 날, 어머니의 똑똑한 속삭임으로 '내일내한' 하는 소년이 되었다.

_4_

필수 불가결한 존재,
전형적인 '위기'

우리가 보는 모든 책과 영화 드라마에는 항상 전형적인 '위기'가 있다. 소설이라면 주인공이, 수기라면 본인이 꼭 역경을 이겨내고 고난을 딛고 성장하는 장면이 등장하기 마련이다. 그런 이야기들이 나쁘다는 것은 아니다. 역경을 이겨낸 이야기들은 우리로 하여금 더 극적인 요소에서 오는 감동, 귀감이 되어주기 때문이다. 그런데 다들 그런 생각을 해본 적이 있지 않은가?

주인공이 너무 강해서 악당도 가볍게 이기고, 억울한 상황도 없고, 굳이 하지 않아도 될 말과 행동은 하지 않고, 처음부터 끝까지 승승장구해서 결말에 이르는 그런 속 시원한 이야기를 보고 싶다고 생각한 적이! 내가 이 글을 쓰면서 어디에나 있고 누구에게나 존재하는 위기를 서술하지 않으려고 했던 것은 그런 전형적인 것에서 벗어나고 싶었기 때문이다.

내가 '위기'를 전형적이라고 표현하며 불만을 품은 이유는 첫 번째로 그런 작품이 너무 많기 때문이다. 위기가 마치 남들 하나씩 있는 스펙처럼 나도 성공하기 위해 그런 스토리 하나쯤은 가지고 있어야 한다고 생각하게 만든다. 두 번째는 실제로도 꼭 위기가 있어야 성공을 하는 게 아니기 때문이다. 어려운 가정에서 태어나 안 해본 알바가 없고 여름엔 덥고 겨울엔 추운 집에서 지내야만 꿈이 있고 목표가 생기는 게 아니라는 말이다.

위기가 '전형적이지 않은' 이유

앞서 말한 것과는 반대될 수 있지만, 내가 하고자 하는 말은 그 '위기'는 필요하다고 말하고 싶다는 것이다. 주인공에게 어려움이 없는 작품을 찾아보기 힘들다. 그러한 위기가 있는 이야기들이 쏟아지는 이유는 어쩌면 그런 문화 매체들이 모두 우리의 삶에서 나오기 때문일지도 모른다. 생각해보면 주인공이 불쌍하고 답답한 그런 문화 매체들은 사실 모두 우리의 삶에서 나온다.

우리의 삶이 실제로 평탄하게만 흘러가지 않기 때문이다. 그리고 영화보다 더 영화 같은 일은 항상 현실에서 일어나고 있다. 그러니 위기를 빼놓을 수가 없는 것이다. 정말 잘 되기만 하면 좋으련만 우리에겐 어김없이 찾아오는 '위기'들이 있다. 어떻게 이렇게 인생이 극적으로 흘러가는지는 오직 신만이 알고 있지만, 그런 전형적인 위기들이 인생을 참 재

있게 만들고 미적 관점에서 아름답게 만들어 준다고 강력히 주장한다. 아름다운 인생은 전형적이지 않다.

정말 세상에 기구하고 가슴 아픈 사연을 가진 사람이 많다. 나보다 더 힘들게 살아온 사람을 보면 내가 힘들었던 건 어디 가서 말할 엄두가 나지 않는다. 오해는 하지 말길 바란다. 각자에게 찾아오는 어려움의 크기를 어떻게 측정할 수 있으랴. 자신만의 '위기'를 이겨내고 있는 여러분 모두가 자랑스러워할 일들이고 박수받아 마땅하다. 방송에서 종종 본인의 삶을 인생 곡선 그래프로 표현하는 걸 봤는데 혹시 지금 그 곡선이 하향선을 그리는 분들에겐 인생에서 어려움이 재밌고 아름답다는 표현이 참 실례가 될 거 같다. 그 표현이 내가 어려움이 없이 살아왔기 때문이 아니라 살면서 역경을 이겨낸 승리는 달콤했다는 걸, 위기를 기회로 만든 건 어떤 것보다도 큰 힘이 됐다는 걸 확실하게 느꼈기 때문이다.

쫄쫄 굶고 먹는 밥이 그렇게도 맛있더라

그냥 먹는 밥보다 하루 종일 쫄쫄 굶고 먹는 밥이 그렇게 맛있었더랬다. 그래서 나의 '위기'들을 조금이지만 말해보려 한다. 인생의 위기를 폄하하지도 부각시키지도 않으면서 위기가 인생에 미치는 있는 그대로를 얘기하고자 한다.

그 이야기는 내가 태어난 지 얼마 안 됐을 때다. 바로 IMF. 기억도 나지 않을 때지만 나름 우리 가족의 위기라면 위기인 순간이다. 많은 사람들이 그랬듯 우리 가족도 IMF의 풍파를 맞았고 당연히 쉽지 않게 살았다. 집은 일단 산에 있는 달동네 반지하였다. 영화 기생충에 나오는 집까지는 아니었지만 기록적 폭우가 한 달 내내 쏟아진 그해 여름 집을 쓸 수 없을 정도로 침수가 됐다. IMF의 영향과 더불어 그 사건을 계기로 우리 가족은 서울에서 부산으로 이사를 했다.

그렇게 간 부산 집, 이 집도 사연이 참 많지만 그건 다음에 얘기하기로 하고 그 집은 우리 가족이 갔을 때도 이미 20년 된 집이었다. 겨울에 물을 조금 틀어 놓고 나서야 했다. 그렇지 않으면 수도관이 얼어 물이 나오지 않았기 때문이다.

앞서 언급했던 보일러도 이 집에서 고쳤는데 정말 매 겨울마다 2~3번씩 고장 나서 체감상 시도 때도 없이 고장 나는 느낌이었다. 그 보일러도 기름을 아끼기 위해 외출할 때는 꺼놓고 나가야 했다. 집에 돌아왔을 때마다 바깥보다 더 추운 공기와 얼음장 같은 바닥은 지금도 생생하다. 침대 위에 올려놓은 이불도 차가워져서 이불을 싸매고 체온으로 따뜻해지길 기다렸다. 보일러가 고장 나면 물을 데워서 찬물이랑 섞어서 써야 됐는데 한번 씻으려면 30분은 기다려야 했다.

시원하게 물을 끼얹지 못하고 딱 거품을 씻어낼 수 있을 만큼만 써야 따뜻한 물이 떨어지기 전에 샤워를 끝낼 수 있었다. 창틀은 나무로 돼 있어서 바람이 불면 정말 심하게 덜컹거려 밤에는 잠을 이룰 수 없었다. 게다가 주택에 사는 사람이라면 알겠지만 각종 벌레, 개미, 동물들이 나오는데 벌레 잡는 법은 일찍이 터득했고 개미가 나오는 구멍을 찾아 모두 테이프로 막아야 했다.

종종 길고양이가 죽어서 썩어있기도 했는데 처음에는 무슨 냄새인지 몰랐지만 여름 내내 진동하는 악취가 그 사체임을 알았고 그때 동물 사체 썩은 냄새를 알아버렸다.

어려움을 통해 더 굳건해진다

집에 대한 건 가볍게 이쯤에서 마무리 하겠다. 그런데 그렇게 춥고 열악했어도 집 때문에 뭐가 인생이 힘들지 않았다. 우리 집에 그런 문제가 생기면 근처에 있던 할머니 집에 종종 가곤 했는데 할머니 은 아파트여서 집도 항상 따뜻하고 집안에 바람이 불지 않았다. 따뜻한 물이 물을 틀면 바로 나온다는 건 정말 충격적이었다. 샤워하고 나와서 바로 몸을 닦지 않아도 안 추웠다. 그래서 11살 때 재개발을 해서 우리 집이 아파트가 된다는 소식은 정말 기뻤다.

빨리 아파트에서 살고 싶다고 얼마나 걸리냐고 아빠한테 물어봤는데 10년은 걸린다고 했다. '어? 10년? 그때 되면 나 21살인데 너무 오래 걸리는데... 당연히 10년 안 걸리겠지?' 하고 생각했다. 근데 정말 10년이 걸렸다. 정확히는 사업을 시작하는 데만 10년이 걸렸고 현재 철거중이다. 삽 뜨려면 아직도 멀었다! 어쨌든 '그냥 아파트에서 살면 좋겠다.' 라는 생각은 했지만, 그때 어려움들이 전혀 어렵다고 생각하지 않았다.

겨울에 찬물로 아빠랑 같이 목욕하면서 '겨울에 찬물로 목욕 잘하는 게 남자다운 거다!' 라고 해서 '그래, 남자다우려면 겨울에도 찬물로 목욕 잘해야지' 하면서 아빠 따라 찬물로 목욕을 했다. 그때 난 찬물로 목욕 잘하는 사람이라는 생각이 딱 박혀서 친구들이랑 목욕탕을 가도 냉탕에 제일 먼저 오래 들어갈 수 있게 됐다. 그 나이 때는 그런 사소한 것들이 엄청난 장점이 된다. 그리고 그 생각이 발전해서 '어려운 일을 해낼 수 있다.'라는 마인드를 가질 수 있게 기여했음을 인정하지 않을 수 없다.

위기의 끝에 있는 것

나에겐 그때 당시 집에서 있었던 모든 일들, 샤워하기 위해 물을 데우는 것, 고장 난 보일러를 확인하는 아버지의 모습을 보는 것도, 보일러가 들어오는 부분만 찾아 발을 녹이는 것도 개미굴을 찾아 입구를 다 막고, 여름 내내 습기가득한 집 냄새를 맡으며 여름을 보냈던 그때가 다 재미있었다. 아빠 엄마와 같이 그리고 나중엔 동생까지 그렇게 우리 가족과 함께 있는 그 순간들이 함께한다는 이유만으로 행복했다.

그것들은 나를 힘들게 하는 것이 아니라 오히려 성장시켰다. 결국 그런 집에서 지낸 시간 들은 내가 어디에서도 지낼 수 있고 어떤 곳에서도 적응 할 수 있게 하는 데 큰 도움이 됐다. 집이 추웠기에 나는 가족들과 더 따뜻하고 애틋했고 아버지와 했던 찬물샤워는 무엇이든 할 수 있다는 생각을 가지게 했다. 곰팡이가 피어있고 각종 벌레와 차가운 바닥과 우풍

이 불던 집은 환경을 탓하지 않는 나를 만들었다.

그런 위기가 없었다면 지금의 내가 있었을까? 나에게 온 위기는 결국 나를 더 강하게 만들었고 더 발전적인 생각을 가지고 살 수 있게 만들어 주었다. 위기는 기회다. '전형적'이지만 식상하지 않은, 모두에게 오는 것. 그 위기를 이겨내는 것은 각자의 책임이지만 그 책임의 파도를 뚫고 도착한 신대륙에서는 빛나는 보물을 찾게 된다. 우리는 모두 현재 크고 작은 어려움에 있지만 무사히 이겨내길 바란다. 우리 살아서 만나자.

5

기본기는 어디에서도

내가 아버지와 같이 TV에서 축구를 보기 시작했을 때는 잉글랜드 프리미어리그에서 박지성이 뛰고 있었다. 다행히도 박지성의 전성기와 내 소년기가 겹쳐 지금은 동영상으로 남아있는 수많은 전설적 장면들을 생방송으로 봤고 기억에 남아있다. 그때 박지성 외에도 유명한 선수가 많았고 잘하는 선수가 많았다.

어느 날 아버지와 같이 경기를 보면서 아버지께서 하신 말이 있었다. '잘 봐라. 저게 그냥 받는 거 같아도 다 기술이다.' 그 말을 들은 이후 축구가 참 다르게 보이기 시작했다. 내가 축구에 대해 더 알게 되면서 보이게 된 것도 있고, 그 말을 듣고 '다 기술이구나.'라고 생각하고 봐서 그 '기술들'을 볼 수 있게 된 것도 있다.

'최고의 선수'는 어떤 선수인가

축구 경기를 보다보면 공을 잡은 선수가 운동장 반대편에 있는 선수에게 길게 킥을 해서 공을 전달한다. 반대편에서 길게 날아온 공을 그냥 발로 툭 받는다. 그리고 다시 공격을 이어나간다. 중계 중에 이런 장면은 3초에서 5초 정도 나온다. 그런데 이 잠깐의 장면에도 많은 기본기들이 들어있다. 공을 차는 기술 킥, 축구에서 숨을 쉬는 것만큼 하는 기본기다. 그런데 운동장을 가로질러 반대편 끝까지 정확하게 보내는 것은 생각보다 쉽지 않다.

킥은 정말 기본 중의 기본이지만 킥을 더 정확하고 상황에 맞게 속도와 거리를 조절해서 할 수 있는 선수가 많은 연봉을 받게 된다. 기본기가 잘 갖춰질수록 최고의 선수에 가까워진다는 것이다.

공을 받는 선수는 인사이드(발의 안쪽)으로 제기차기하는 자세로 트래핑 (축구에서 공을 받는 기술)을 했다. 이것 역시 축구를 처음 하는 사람부터 프로 선수까지 누구나 사용할 수 있는 기술이다. 그러나 공이 항상 똑같이 오지 않는다. 항상 다른 상황에서 어떤 부위로 어떤 강도로 어떤 자세로 받아야 할지를 순간 판단해 가장 적절한 방법으로 공격하기 가장 좋게 공을 받아 놓는 그런 선수를 최고라고 인정한다.

‘기본’, 그 완전함이란

우리가 볼 때는 그냥 공을 길게 차고 받았을 뿐인데 많은 기술이 있다는 것. 그 기술들은 모두 기본기적인 요소들이었다. 그런데 그 기본을 잘하는 선수들이 멋있어 보였다. 파고들어 보니 그 기본을 가장 잘하는 선수들이 최고의 선수들로 인정받고 있었다. 화려한 기술들이 있다. 그 기술들은 몇 가지를 제외하면 결국 기본기에서 나온다. 기본기가 제대로 돼 있지 않은 선수에게서 화려한 기술은 나올 수 없다. 또 그런 기술들은 기본기에서 출발해 완성된다.

여기서 우리는 두 가지 정도를 배울 수 있다. 하나는 기본기가 갖춰져 있지 않으면 최고의 레벨에서 존재할 수 없다는 것. 다른 하나는 기본을 못하면 더 수준 높은 일을 할 수 없다는 것이다. 하나는 절대적, 하나는 상대적 기준. 어쨌든 비슷한 맥락이다. 생각해보자 전 세계에서 가장 축구를 잘하는 선수들을 모아놓은 곳, 그중에서도 1부 리그는 20팀, 또 그중에서 경기를 뛰는 11명에 안에 든 선수들이 모두 기본을 잘해서 그 자리에 있다. 이것은 모두에게 정말 희망적이면서 흥분되는 말이다. 가장 최고가 되기 위해 필요한 것은 바로 ‘기본’이라는 사실이!

나를 가장 흥분되게 하는 사실

이것은 비단 축구에서만 통용되는 사실은 아니다. 모든 분야에서 어떠한 곳에서도 적용될 수 있다. 지금 이 글을 보고 있는 다른 분야에 전문성을 가진 여러분들 또한 공감이 충분히 되지 않을까 생각한다. 살아가면서 많은 기본들이 있다. 생활 속의 기본, 시간을 지키는 것도 기본이고 당연히 약속을 지키는 것 또한 기본이 될 수 있다. 밥 잘 먹고, 잘 자고 하는 것도 기본적이지만 잘하면 몸이 건강해진다는 건 모두 알고 있다. 더 원초적으로 생각해보면 지구와 세계를 이루고 있는 모든 산과 바다 물과 흙 각종 풀과 꽃 ,나무, 동물들, 사람까지 분자, 원자, 원소 등의 기본단위로 구성되어있다. 이쯤 되면 세상은 기본으로 이루어져 있다고 볼 수 있다. 그러나 세상을 그렇게 단편적으로만 정할 수는 없기에 기본의 중요성을 찾은 흥분은 여기서 가라앉히도록 하겠다.

결국 '나'를 더 강하게 만들었다

많은 기본기가 '현재의 나'를 있게 했고 앞으로 나아가게 하고 있다. 인생을 살면서 많은 일들이 있었다. 그런 과정 속에서 필요한 '기본기'를 몸소 습득했고 배웠다. 고3 때였는데 매일 운동을 하면서 공부도 하는 그런 수험생 생활을 하고 있었다. 그러던 중 하루는 내가 급체를 해서 몸살이 났다. 열도 나고 식은땀도 흘렸다. 겨울이었는데 날씨도 춥고 실내에만 있으면 괜찮았을 테지만 그날은 크로스컨트리(숲, 들판, 언덕 등 을 달리는 경주)를 하는 날이었다. 점점 몽롱해지고 몸살 걸린 그 느낌! 그럴 때 다들 어떻게 하는가? 선생님한테 말하고 조퇴하거나 양호실실 가서 누워있지 않는가. 결과부터 말하자면 나는 그날 밤 열이 39.1℃까지 올라가 새벽 내내 토를 5~6번 하면서 정말 대장 소장에 있는 갈색 물체 빼고는 몸 안에 있는 건 다 뱉어냈다.

게다가 응급실까지 실려가 링거를 맞고도 이틀간 몸이 안 좋았다. 그런데 그때의 담임선생님은 일단 호랑이도 호랑인데 곰? 뭐라고 해야 되지? 여하튼 일반적인 학교마다 있는 무서운 선생님 그 이상의, 설명 불가한 사람이었다. 당연히 타협은 없었다. 병원은 상상도 못 했고 결석을 한다? 무조건 학교는 왔다가 가든가 죽던가 해야 됐다. 그렇기도 했지만 사실 그 선생에게 약해 보이기도 싫고 '그래 내가 아파도 하고 병원 간다. 누가 이기나 보자'하고 아프다고 말을 하지 않았다. 아픈 상태로 그렇게 3km 크로스컨트리를 그날 전체 3등의 성적으로 끝냈다. 다들 겨울인데도 산을 뛰면 더워서 반팔을 입고 뛰는데 나는 몸살 때문에 너무 추워서 패딩을 입고 뛰었다.

그때는 다른 것보다 '내가 무슨 일이 있어도 했다. 내가 당신 이겼어!'라는 생각, 그냥 내가 이겼다는 게 기분이 좋았다. 결국 그 승리를 확인시켜주는 땀에 젖은 패딩을 들고 담임선생님에게 가서 내가 아프다는 사실과 당장 집으로 가야 된다는 사실을 알린 후 장렬히 쓰러져 집에 갔다. 당연히 직접 버스를 타고 갔다. 무슨 정신으로 갔는지 기억은 안 나지만 말이다. 사실 응급실까지 갈 거라고 생각하진 않았는데 계속되는 토악질과 끝을 모르고 올라가는 열에 가버리고 말았다. 승리를 위해 감수해야 하는 고통은 생각보다 거셌다.

그날의 기억은 내가 습득한 기본들 중 하나로 후에 내가 어려운 상황도 쉽게 생각해서 실제로 쉽게 만들어버리는 사고방식과 행동의 방식을 가지는 데에 힘을 보탰다.

과정중이기에 '불완전'하면서도 '완전'하다

우리는 무엇을 위해 살아갈까. 무엇을 희망하며 어떤 목적을 가지고 있는 걸까. 내가 나아가는 방향은 어떠하며 어디쯤에 위치하여 있는가. 끝은 있을까? 완성은 있을까? 그리고 나는 완성을 향해 가긴 하는 걸까? 내가 원하는 건 중간지점일까? 끝에 도달하는 것일까? 등등 나열하면 끝없는 '인생'에 대한 질문들은 삶의 원동력이 되기도 삶을 혼란스럽게 만들기도 한다.

모두 정답을 찾아가는 가운데 있다. 답이라고 생각한 게 답이 아닐 수도 있고, 이미 찾았음에도 멈추지 않는 것일 수도 있다. 저 질문들에 대한 답은 자신이 가지고 있다. 너무 뻔하지 않느냐고 한다면 그렇다고 답하겠다. 너무 당연하기에 지나치기 쉽다.

당신 또한 성장하는 매 순간에서 내가 책에 썼던 깨달음들을 얻는다. 그건 누가 해준 것이 아닌 본인이 살아온 삶이다. 자신이 자신의 인생을 살면서 깨달음을 얻기 때문에 답은 자신에게 있다는 것이다. 그런 관점에서 본다면 당신이 살아가는 것 자체가 답을 향하고 있고, 완성을 향하고 있다. 방향만 맞다면 속도의 중요성은 다소 떨어지나 한 가지 유의해야 할 것은 현재 시점은 인생이 완성된 시점이 아닌 진행 중인 시점이기 때문에 옳은 방향을 향하는지 심도 있게 판단해야 한다.

　우리는 살아가는 것만으로 정답에 다가가고 있다. 과정 중이지만 완성을 향해 가고 있기 때문에 불완전하면서도 완전하다. 대척점에 있는 것들은 항상 가까이에 있다. 당신의 성장이 끝을 모르고 진행돼 완성에 도달했을 때 비로소 우리는 '만족'할 수 있을 것이다. 멈추지 말고 나아가자. 완성한 후에 오는 만족감에 미소 지을 수 있도록.

　사랑하는 두 번째 세대들에게.

I love
"새롭게"
박재진

당신이 살아온 흔적을 책으로 남겨드립니다

- 자존출판사